JN111615

トリガー

人を動かす行動経済学26の切り口

楠本和矢

イースト・プレス

TRIGGER

TRIGGER トリガー

人を動かす行動経済学26の切り口

はじめに

行動経済学を「マーケティング」につなげること。
これが本書の狙いです。

今、最もホットなビジネス理論の一つである「行動経済学」。2017年にリチャード・セイラー教授がノーベル経済学賞を受賞したり、政府のコロナ対策において、行動経済学者が任命されたりするなど、今もなお継続的に注目されています。しかしながら、その注目度に反して、なぜかビジネスプラニングの表舞台に上がってくる機会は少ないと感じます。何となく興味を持ったビジネスパーソンも、様々な関連書籍を購入するものの、難しい名前の理論に圧倒されたり、事例としては面白いものの、それらをいかに「転用」すればいいかわからなかったりします。その結果、活用を断念したという声もよく聞こえてきます。

ビジネスへの転用を阻害する要因とは何か。行動経済学の様々な理論をビジネスやマーケティング領域に落とし込むための方法論とは何か。その手順論と、それに基づく様々な参考事例について、あくまでも「実務家の視点」で伝えていきたいと思います。

さて、そもそも行動経済学とは何なのか、ここでごく簡単におさらいをしておきましょう。一般的な定義の一つに「経済学の数学モデルに心理学的に観察された事実を取り入れていく研究手法」というものがありますが、有名な行動経済学の理論が全て、経済学の数学モデルを活用している訳ではありません。もっと簡単に言えば、「人間の非論理的な心理作用やそれに基づく判断を活用したアプローチ」という感じでしょうか。今や、ほとんど全ての業界が成熟化し、類似の商品やサービスが溢れ、基本的な欲求はほとんど満たされています。そんな時代において、商品／サービスの魅力を、理屈だけでストレートに訴求したとしても、生活者に「欲しい」という感情を生み出すことは難しいでしょう。

理屈だけでは突破できない昨今の成熟化社会において、生活者の「理屈」だけではない判断、つまり感情的、非論理的な判断や選択のメカニズムを説き明かし、それを逆手に取った攻略法、いわば「心のスキ」を突く手法とは、まさに**こんな時代における事業戦略やマーケティング戦略を考える上での一つの突破口**になり得るでしょう。同じように思われている実務家の方も多いのではないでしょうか。

そのような「時代からの要請」に呼応するかのごとく、前述の行動経済学の権威リチャード・セイラー教授が２０１７年にノーベル経済学賞を受賞しました（その前は２００２年に、ダニエル・

カーネマン教授が同賞を受賞しています）。それをきっかけに、改めて「行動経済学」がクローズアップされることとなりました。ここ数年、行動経済学の各種理論を解説する書籍も数多く刊行されています。

政府にも、行動経済学を政策に採り入れようとする動きがあります。２０１９年に、経済産業省内に「ＭＥＴＩナッジユニット」が設置され、（セイラー教授が提唱している）「ナッジ」の政策導入検討が始まったり、直近では、新型コロナウイルス対策チームである「基本的対処方針等諮問委員会」のメンバーに、日本の行動経済学の権威である、大阪大学の大竹文雄教授が任命されたりと、ようやく脚光が当たり始めた感があります。

そんなホットな「行動経済学」、本書を手に取ってくださった方も、今までにもきっと何かしらの書籍を読んだり、ネットで調べたりされたご経験があるのではと思います。ご感想はいかがでしたでしょうか？　私もずっと昔、行動経済学というアプローチに興味を持った際、様々な文献を多く読んでみました。確かに、行動経済学の各種理論はわかりやすく面白いし、理屈のアプローチに慣れた頭には非常に痛快です。

さらにこんなことも思いました。各種理論はそもそも戦術寄りであり、上手く使えば、かなり具体的な戦術レベルのアイデアを出すことができる、非常に強力なツールになり得るのではと。

しかしながら、いざ行動経済学の各理論を使って、実際にマーケティング施策を考えようとしても、どこから始めていいか、どのように検討すればよいか、そのとっかかりを掴めず、結局、その時の実務への落とし込みは諦めてしまいました。

率直なところ、行動経済学の各理論は、マーケティングへの活用ポテンシャルは大いにあると感じる一方、実務への落とし込みには結構距離があるように思いました。

もちろん、行動経済学の各種理論は、そもそもマーケティング施策策定のためにつくられていないから当然のことです。でも惜しいところにある。

なんとか現場の目線に基づいた一工夫さえあれば、それらの理論を実践につなげることができるかもしれない。……そんな思いもあり、冒頭で申し上げた決意に至った次第です。

私はあくまで実務家であり、行動経済学者ではありません。

私が果たすべき役割としては、行動経済学の各種理論を体系的に説明することでも、それらの信憑性を検証することでもなく、行動経済学者が手間暇かけて検証した各種理論を、生活者の視点で、できるだけわかりやすくマーケティング施策のアイデアに落とし込む方法論を提示することです。

ですので、本書に書かれている内容が、行動経済学の権威の皆さまに「この内容は少し解釈が違うのではないか」とか、「使い方として邪道ではないか」というように思われる可能性があることは重々承知しています。ですが、読者の皆さまが生活者的な視点で、新しい発想を生み出すきっかけにつながればそれでいいと思っています。

読者の皆さまには、本書は理論を解説するものではなく、あくまでもその理論を活用した、様々なマーケティング施策アイデアを創発することを目的としてまとめられたものであることを、まずはご理解頂ければ幸いです。ですので、そこで導かれたアイデアは、実行前、もしくは実行の中での検証は必要です。

仮にどれだけ立派な理論に基づいた分析検討を行っても、最初から「完全なる正解」を出すことは不可能。結局は、どんな場合でも仮説検証型の進め方をせざるを得ません。

本書で紹介する内容は、私が主宰している、同テーマの研修コンサルティングをベースにしておりますが、書籍という表現方法ではお伝えしきれない内容も当然ございます。しかし、お伝えしたいことのエッセンスはできる限り盛り込んだつもりです。

是非、本書でご紹介する方法論を参考に、多くのアイデアを発想し、その実効性を検証してみてください。きっと、今までにない気付きがもたらされるはずです。

（本書籍に記されている全ての内容については、著者の所属組織とは一切関係なく、あくまで一個人としての見解であることをご了解ください）

CHAPTER 1

マーケティング戦略と、行動経済学との距離感

CHAPTER

2

行動経済学をマーケティングにつなげる26の切り口

CHAPTER 3

「26の切り口」を使って、マーケティングアイデアを創出する方法

CHAPTER

1

マーケティング戦略と、行動経済学との距離感

本書は、「行動経済学を『マーケティング』につなげる」というテーマを掲げています。本章では、その具体的な方法論を説明する前段として、まずは、現場の戦術に落とし込むという観点から見た時の、それぞれが内包している理論面での課題と、それを踏まえて両者を連結するための考え方についてお伝えします。

普段の仕事で、何気なく使っている「マーケティング」という言葉ですが、ここで今一度整理をしておきましょう。そうすると、行動経済学的なアプローチが必要であることが、さらに実感頂けると思います。

通念としての「マーケティング戦略」とは何か

さて始めていきましょう。行動経済学について話す前に、まずは本書のお題である「マーケティング」について簡単なおさらいを。

そもそも、われわれがよく使っている「マーケティング戦略」とは、一般的にどのように理解されているものなのでしょうか。

通常、「マーケティング戦略」と聞けば、フィリップ・コトラー教授（米ノースウェスタン大学ケロッグ経営大学院S・C・ジョンソン&サン特別栄誉教授）の「戦略的マーケティング・プロセス」をイメージすることが多いでしょう。有名なフレームですので詳しく説明はしませんが、一応簡単にレビューしておきます。

1. リサーチ
2. セグメンテーション・ターゲティング・ポジショニング（STP）
3. マーケティングミックス（4P：Product/Promotion/Place/Price）
4. 実施
5. 管理

フィリップ・コトラー教授がまとめたこのフレームが、ビジネス界に多大なる影響を及ぼしたのは間違いありません。それは誰にとっても理解でき、様々なケースで簡単に適用することができる（ように見える）「汎用的なプロセス」であるからです。

手順通りに検討を進めれば、一応、何かしらのアウトプットを出すことはできるでしょう。STPからの4つのP……など、各プロセスを説明する言葉が、非常にわかりやすく覚えやすいこともあり、その結果、皆の共通認識、共通言語となり、戦略を策定する際のコミュニケーションが非常にスムーズになりました。それも大きな功績でしょう。

しかし、コトラー教授の「戦略的マーケティング・プロセス」には、概念として捨象されて（捨てられて）いるものがあります。そして、それが決定的に重要だったりするのです。

それをひと言で言うと**「人間的な視点」**です。

コトラー教授のマーケティングとは、基本的にホモ・エコノミクス（もっぱら経済合理性のみに基づいて個人主義的に行動する、とした生活者像）を前提としているように見えます。

それもそのはず、マーケティングという方法論は、ある時から「学問の一つ」となり、MBAの必須科目にもなりました。学者が教える「学問」になった以上、きちんと説明をつけることができないもの、不安定・不確実なものは当然排除されがちになります。

そのような過程の中で、生活者の心理的、感情的側面という、説明が難しい「不安定なもの」は、学問のフレームから捨象されることになったのかもしれません。

ここで、皆さまにある重要な「問い」を一つ。

生活者は、毎回合理的な判断を行っているのでしょうか？　一つのものに対していつも同じニーズを有しているのでしょうか？　それを本当に欲しかったから買ったのでしょうか？

あなたはマーケティング戦略を考えるお立場として、どちらの立ち位置に近いでしょうか。

1 生活者はいつも合理的な判断をする

・調査を実施し、生活者からニーズの有無を聞き出す（見つからなければここで終了）
・ニーズを満たすものを提供すると、それを探し出し、合理的に判断し買ってくれる

2 生活者はいつも合理的な判断をする訳ではない

・調査を実施しても、ニーズが見つからないこともある（見つからなくても創り出す）
・ニーズを満たすものを提供したとしても、それだけで買ってくれることはない

現場の感覚で言えば、リアリティがあるのは間違いなく後者です。

「生活者は、時として（というかかなりの頻度で）『合理的でない』選択をする」というのは、名著「予想どおりに不合理」の著者である、行動経済学者ダン・アリエリーの言葉です。

私自身もそう感じますし、皆さまの肌感覚からも実感できることでしょう。

教科書的に、一見正しいことを、正しい手順で実施すれば、それで相手が然るべき反応をするかというと、そんなことはほとんどありません。

生活者とは、合理的、論理的な判断よりも、もっと別の「論理だけでは説明がつかない非合理的な判断」で行動を決めることが大半です。

そんな「非合理的な判断」とは、例えば以下のようなものです。

・同調したい気持ち
・見栄や虚栄心
・単なるサービスの置き場所
・一瞬の印象
・世間的な評判
・難しい選択を避けた判断
・飢餓感や射幸心
・感情の起伏
・抜け切れない習慣
・誰かが決めたルール　など

動かしたい対象が、そのような判断をする「人間」である以上、真に実効性のあるマーケティング戦略を打ち出すために、右記のような視点を織り込んで検討することが、何よりも重要だと考えます。

典型的な「非合理的な判断」

ここから、生活者の「非合理的な判断」の典型的なケースをいくつかご紹介します。本書で活用する理論については、本章の参考編にてご説明しますが、まずはここで少しだけイメージを持って頂きましょう。

前述のダン・アリエリー教授の名著「予想どおりに不合理」で紹介されている事例が非常にわかりやすいので、そこからいくつか引用してご紹介します。

ケース1：比較対象によって、判断が変わる

ある家電商品のメーカーが、今まで世になかった、家電商品を発売しました。当時としては大変斬新な商品であり、期待も大きかったのですが、それとは裏腹に売れ行きは鈍いものでした。

そこで同社は、ある賭けに出ました。それは、その商品よりも50%以上高価な高級版の製品を投入するということでした。元々売れていない商品のさらに高級版を出すという判断は、マーケティング戦略の常識では発想しえないものです。

しかし、その賭けは見事に当たりました。新たに「高級版」を発売した後、なんと最初に発売

した方の商品が飛ぶように売れ始めたとのこと。

なぜこんなことが起こったのでしょうか？

生活者の心理なので、100％それだとは言い切れませんが、恐らく高級版を隣に並べたことで、元々の商品が「割安に見え出したから」なのではないでしょうか。

これは「選考逆転」と言われている心理です。ある対象となる選択肢について、それが提示された状況や順番などによって、選考態度が変化してしまう心理を指します。

これを使った手法は、おとり効果（Decoy effect）と呼ばれるもので、色々な場面で使われています。

例えば、あるお弁当屋さんは、元々1種類だった幕の内弁当（490円）をもっと売るために、ラインナップを「450円、上490円、特上690円」の3種類に増やしました。そうすると、「上490円」が一番売れ、幕の内弁当全体の売上は前年比で大幅な増加を達成したそうです。

3つのグレードの二段階目が最安値に寄っているので、何となく割安感を抱いたからかもしれません。レストランのメニューでも、そういう並べ方をしているものは多いです。

生活者側に、絶対的な価値判断のスキルがない、もしくはあるようで実はない、という状況において、あたかも「合理的に見える判断の基準」ごと提供され、それに乗せられてしまった、ということなのでしょう。

ケース2：「それが何の仲間か？」が重要

ある、全く新しい色の真珠の開発に成功した人がいました。彼は早速、その真珠を発売しましたが、当初は思うように売れません。

この状況を打開すべく、彼は友人である、ある超高級ジュエリーショップの店長にお願いし、その店のショーウィンドウにその真珠を陳列してもらうことにしました。それに加え、元々の価格よりもさらに高い値札をつけてみました。

また、ハイステータスな雑誌に、ダイヤモンド、ルビーなどの横に、その真珠を並べた全面広告も掲載。するとまもなく、どんどん売れ始めていったとのこと。一連の取組みで、その真珠は、ダイヤなどと同類の、非常に価値のあるものだと認識されたのではないでしょうか。

これは、生活者が問題解決や購買決定などの行動を決定する際、簡略化されたプロセスを経て結論を得ようとする、「ヒューリスティクス」と呼ばれる心理に基づいています。

このケースでは、その「見たこともない新しい商品」について、元々何の価値判断のスキルもないところに、すでに高い価値が認められている商品と「同カテゴリーのもの」に見せることによって、「この新しい商品もきっと同じような価値があるはずだ」と、短絡的に判断させたのです（この方法は、マーケティング戦略においてかなり多く登場します）。

割と新しめのブランドが、有名ブランドとのコラボレーションを展開するのも、まさに狙いは同じです。注目を集めるきっかけをつくるだけでなく、そんなメジャーなブランドとのコラボができるなんて、きっとそのブランドも凄いのだろうと、印象付けようとしているのです。

ケース3：角度を変えると、印象も変わる

ある時、あなたが重篤な病気にかかってしまったとします。それを治療するためには、非常にリスキーな手術を受けなければならない、ということをドクターから伝えられ、その手術について詳しく説明を受けることとなりました。

さて、ここからが皆さまへの問いです。2通りの説明方法があるとして、どちらの方がより「その手術を受けてみよう」と思えるでしょうか？

①この手術は、死亡する確率が10％あります。
②この手術は、生存する確率が90％あります。

2つの説明から受ける印象は大きく異なります。きっと、多くの人が②を選ぶことでしょう。論理的には、実は全く同じことを言っていることに皆さまはお気付きですよね。

これは「フレーミング理論」と呼ばれているもので、同じ内容だったとしても、別の角度で見せられる、伝えられることで、与えられる印象が大きく変わる可能性があるというものです。

こんなケースもご紹介しましょう。ある斬新な技術を利用した、新しい「オーディオシステム」をどうアピールするか？　という話。そのオーディオシステムは、今までのオーディオでは再生が不可能だった音域を再生することを可能にしました。

さて、これを生活者に訴求する際、どのように表現するべきでしょうか？

「この商品で、新しい音域を聴くことができます」とするか、「これ以外の商品では、その音域を聴くことはできません」とするかで、印象は大きく異なります。

皆さまはどちらのメッセージにより強く反応するでしょうか。

本ケースは、最初は前者のような訴求方法を行いましたが、ターゲットに全く刺さらず、ほとんど商品が売れない状況に陥っていたそうです。ターゲットであるオーディオファンは、比較的保守的であり、今までのものを否定するようなメッセージに嫌悪感を抱いたのかもしれません。それは変化を嫌う「現状維持バイアス」という心理です。

そこで、あるコンサルタントの指導に基づき、メッセージを後者のように変えたところ、一気に売れ出した、というエピソードです。

これらの事例は「損失回避性」という理論が関係しています。

生活者は無意識に、得することよりも損することを避けようとしてしまうという心理です。実は同じ内容を言っているにもかかわらず、「損をしてしまう」「リスクがある」という側面で伝えることによって、よりインパクトを出しているのです。

ケース4：豊富な選択肢があると、逆に買わない

ここでは『選択の科学』（文藝春秋）という名著で紹介されている興味深い実験の話を引用します。あるスーパーのジャムの試食コーナーで、①24種類のジャムを用意、②6種類のジャムを用意というように2つに分けて、どちらが売れるかの実験を行いました。

論理的に考えると、選択肢が多い方が細かいニーズに対応できるはずなので、多くの種類がある方が有利に思えます。しかし実験の結果としては、6種類のジャムを用意した場合のほうが、試食に来た人の中の購入した人の割合が10倍となったそうです。

もちろん、実際は陳列方法だとか、商材の種類にもよるかと思いますので、一概には言えませんが、少なくとも言えることは、単純に選択肢が多ければ多いほど、必ずしも買いたくなる訳ではない、ということです。

なぜそういう現象が起こるかと言えば、生活者は選択肢が多くなると、混乱とストレスが生じ、物ごとを新たに選択することを回避し、今と同じ日常をそのまま送っていくことを選択しようとする、という傾向があるからです。

それは「選択回避の法則」と呼ばれる心理です。

あえて選択肢を限定的にすることで、選択時におけるストレスを低減するとともに、一つ一つの選択肢により注意を払うことができるので、結果として購入に結びつきやすくなるのです。皆さまも、選択肢が多すぎて、結果的に選べなかったというような経験はありませんか？

あるアパレルの通販サイトは、期間限定で、あるブランドに特化し販売するという手法で成功を収めています。

私自身もこのサイトをよく使っています。多くのブランドが、ここで初めて知るものなのですが、しっかりフィーチャーされているゆえに、見ているうちに興味を持って、買ってしまっていることが非常に多くあります。しかも、割と衝動買いに近い感覚で。

しかし、それらがECサイトの平場に、その他大勢と並んでいたとするならば、きっとそのブランドを購入していませんし、そしてそのカテゴリーのアイテム自体購入していなかったような気がします。あくまで自分の経験としての話ですが。

ケース5：すでに投資しているから、後に引けない

「コンコルド」という、イギリスとフランスが共同開発した、1970年代から2003年まで運航された超音速旅客機をご存じでしょうか。

開発中から市場ニーズの変化や維持費の高さ、環境への影響などの理由により、完成しても赤字は免れないことがわかっていたが、その時点までに投じた莫大な投資を加味すると、開発を止められず、商業的には完全に失敗となったことは有名な話です。そして大きな事故を起こしたこともきっかけとなり、2003年に全機運航終了となりました。

なぜ、その先の失敗が確実視されつつ、開発を続けてしまったのでしょうか？

論理的に考えれば、過去の投資はすでに終わった出来事なので、今後の経済合理性だけを考えるならば、過去の出来事は意思決定に影響を与えるべきではありません。

しかし、「ここでストップしたら、今までの莫大な投資が無駄になってしまう」という、ダメだとわかっていても、何となく続けなければ損という感情が生まれ、継続してしまうことがあるのです。

これは、本ケースに喩えて「コンコルドの呪縛」と呼ばれています。

「変えた方がいいけど、ここまで投資したから、もったいない」とか、「即座に中止すべきだけど、今までの労力を加味すると、中止の意思決定をしづらい」というような気持ちは、皆さまも少なからず経験したことがあるかと思います。

以上のように、ケースとして冷静に眺めてみると、なぜこんな非合理的な判断をするのだろうかと思えてしまいますが、その場その状況にいる生活者とはそんな判断をするものです。

以上、行動経済学に関する、いくつかの有名なケースをご紹介しました。

行動経済学とは、コトラー教授のマーケティング戦略とは異なり、先程説明した「ホモ・エコノミクス」を前提とせず、実際の生活者による実験や観察に基づいた、心理的、感情的側面に即した分析を行うもので、現実の世界にある様々な要因がもたらす、生活者の行動パターンの究明を目的としたものです。

調査をしても、生活者の「欲しいもの」「やりたいこと」が見つからない、生活者の「論理性や合理性」だけを拠り所としても手がかりが見つからない、そんな成熟社会におけるマーケティングをいかに考えるべきでしょうか。行動経済学の、生活者が非合理に判断してしまう可能性を突いた、「あたかも、元々欲しかったような気持ちにさせる」「自然に購入してしまう流れをつくる」というアプローチは、まさにこれからの時代におけるマーケティング戦略策定において、非常に重要な武器となると考えています。

行動経済学は、なぜ使いにくいのか

前述のようなわかりやすいケースや、多くの書籍に載っているような事例などを見ると、何となく転用することは簡単そうで、すぐにでも活用したいと思えてしまいます。

しかしながら、それが充分にマーケティング領域において活用されているかと言えば、正直まだまだ行き渡っていないのが現実でしょう。

今の時代に非常に重宝しそうな反面、充分普及していないのはなぜでしょうか。その阻害要因として、私に3つの仮説があります。

1 そもそも言葉が難しいから

行動経済学では、とにかく一つ一つの理論に難解な名前が施されています。「ツァイガルニック効果」「エンダウド・プログレス効果」「ヴェブレン効果」……などなど、一度聞いただけでは到底覚えられません。しかも、そのような難解そうな理論がかなり多く散らかっています。

様々な学者が理論を発表しているがゆえ、仕方のないことかもしれませんが、あまり現場での運用を考慮している印象はありません。そう考えると、マーケティングの「ＳＴＰ」「４つのＰ」などは、非常にわかりやすく明解で、誰が聞いてもすぐに理解でき、かつ覚えやすいとも言えます。改めてコトラー教授の偉大さがわかります。

2 体系化されていないから

色々な理論はありますが、部分と全体、総論と各論の関係などで上手く整理されておらず、ただ様々な理論が野放図に並んでいるだけ……という印象があります。これも、コトラー教授のように、ベースとなる理論を体系的にまとめる人がいなかったということが要因でしょうか。

そして、様々ある理論の中で、どれが「より確からしい」と行動経済学の界隈で認められているのか、ということもよくわかりません。何か、初めて聞いたけどこれは本当なの？　という印象を受けるものも散見されています。

もちろん、私が知らないだけで、どなたかが総論各論の整理や、各理論の体系化を行っているのかもしれませんが、一般的に共有されている、わかりやすい整理法は見つかりません。

3 検討フレームワークになっていないから

もちろん、行動経済学は、マーケティング戦略の策定用に存在しているものではないので、それに文句を言うのは筋違いですが、「これを順に検討していけば、一通りの何かが完結する」という検討の流れに全くなっていないので、現場では非常に使いにくいのです。前述の「STP→4つのP」のみならず、AIDMA理論とか、大変わかりやすいですよね。フレームワーク（汎用的に使える、分析や戦略策定、意思決定等で使うための思考の枠組み）がないことは仕方ありませんが、それにしても行動経済学は、理論がバラバラと並んでいるだけで、個別の理論を一つ一つ見ていかなければならず、結果として活用する気が失せるのです。

こんなことを書くと、行動経済学を専門としている学者の皆さまからはお叱りを受けるかもしれません。しかし一人の実務家として素直にそれらを眺めた時の率直な感想でもあります。

そしてそれは、行動経済学の可能性と必要性を感じているがゆえの問題意識です。

裏を返せば、現場における具体的な施策につなげていく上でのいくつかある欠点や限界をしっかりと直視し、無理をしないレベルでの方法論を考えれば、もっと行動経済学に着目されることにつながるきっかけとなるでしょうし、また多くの企業がその理論によって新しい成果を得ることになればいいと信じているからです。

行動経済学を、マーケティング領域へ

以上の見解を踏まえ、行動経済学の各種理論をマーケティング領域に転用していくための、実務家としての視座を3つ提示します。それがまさに本書でご紹介する方法論の骨子に直結しています。

その1：精緻な分析や、ヌケモレのないプラニングを目的としたものでは「ない」と割り切る

行動経済学は、ある領域についてヌケモレなく何かを検討できる、という網羅的・体系的な学問ではありません。色々な各論がアメーバ的に寄せ集まった形で成立しているように見えます。ゆえに、ここからここまで押さえれば、一応網羅的な感じで検討することができる、ということになりにくいのです。つまり「フレームワーク」にすることが非常に難しい理論とも言えます。ですので「これさえあれば一定の網羅性が担保できる」とするのではなく、ヌケモレがあると

いうことを大前提にする、つまり「網羅感」や「精度」への期待をあえて捨て、マーケティング戦略に必要となる、筋のいい施策アイデアを創発するための「アイデア創発ツール」と位置付けることが現実的であろうと考えました。

その2：汎用的に使われている「マーケティング戦略の検討視点」で整理する

すでに述べている通り、行動経済学とは、その時々で様々な学者が、何らかのテーマを俎上に上げ、それに基づいた研究を行い、何だか難しい名前の付いた理論が発表される……そういう積み重ねでできている（ように見えている）ものです。

ゆえに、それらは事業活動上の何らかの目的達成を目指すための、体系的な検討プロセスを意図してつくられてきたものでも、まとめられているものでもありません。だからダメ、ということではなく、そういうものなのです。

ですので、普通に実務家がマーケティング戦略を検討する際の「思考の切り口」（例えば、認知を獲得する、興味を抱かせる、継続させるなど）を、まずはベースにする。そして、各種理論を全て並べ、それぞれの切り口ごとに、どのように理論を組み合わせ、解釈すると、マーケティング施策を考える際の「わかりやすいヒント」になるかを検討する。そのような加工が必要であろうと考えました。

その3：「アナロジカル・シンキング」で施策アイデアに落とし込む

マーケティング戦略の検討視点ごとに、行動経済学の各理論をまとめたら、最後はそれをどのようにマーケティング施策に落とし込むかです。

ここで活用する方法論が「アナロジカル・シンキング」です。詳しい手順は後述しますが、簡単に説明すると、ある現象や事例について、それが生じるに至った法則やパターンを見つけ一般化し、他分野に応用するという一連の思考プロセスです。

つまりは、前のステップにて切り口ごとに整理・加工した行動経済学の使い方ヒントを、対象となる自社の商品／サービスになぞらえて考えてみる、という方法にしました。

本理論の落とし込みには、この手法が最も現実的なアプローチと考えています。ちなみに「アナロジカル・シンキング」という手法は、行動経済学以外の領域においても活用しています。概念的なものからアイデアを練り上げていくよりも、かなり簡単で使いやすいです。

参考編　各種理論の整理

参考編として、様々な種類がある行動経済学の理論について、あくまでもマーケティング戦略に使えそうなもののみをピックアップし、整理してみました。

あらかじめ2点お断りしておきます。1点目は、行動経済学の全てを網羅したものではなく、マーケティング施策につながりそうなものだけを著者の判断で選択しているものであり、行動経済学理論の全てではないということ。そして2点目は、行動経済学的な「正しさ」よりも、できるだけ「活用イメージ」を掴んでもらえるようにした分類であるということ。

ゆえに、他の書籍では、同じカテゴリーに入っていた理論が、別のカテゴリーに入っていると思われることもあるかもしれませんが、何卒ご了承ください。

少しでも、行動経済学の「掴み所」となれば幸いです。

1 限られた情報で短絡的に判断してしまう

自分の経験や記憶をもとに、深く考えずにパパっと判断してしまうという傾向です。

生活者とはあまり判断に労力を使うことなく、なるべく簡単に素早く、効率的に問題を解決したいと思うものです。しかしそれはあくまでも過去の経験や記憶といった、いわば簡略化された思考に基づく判断であり、論理的な思考かというと、そうではありません。

前述の事例でも紹介しました通り、そのような傾向を、行動経済学では「ヒューリスティクス」と呼んでいます。

今の世の中、似たような情報が溢れかえっています。まさに情報の洪水状態。目まぐるしくやってくる情報をさばくことで精一杯な中、生活者は一つ一つの情報をじっくり吟味する時間はなかなか取れません。何の工夫もなく情報を伝達していてもスルーされるのみ。
そんな状況に置かれている生活者に対して、本カテゴリーでまとめている、**情報伝達のされ方次第で、深く考えず短絡的に判断してしまうという心理**は、実効性のあるマーケティング施策を考える上で、非常に重要なものとなるでしょう。

1

代表的な理論

一部の目立つ情報だけで、短絡的に判断する

▼**バンドワゴン効果**
人気を多く集めていることがわかると、元々関心がなかったにもかかわらず、興味を示してしまう傾向

▼**ハロー効果**
ある「目立つ特徴」に引きずられ、それだけで評価がポジティブ（ネガティブ）に振れてしまう傾向

2

代表的な理論

▼**希少性の法則**

いつでもどこでも手に入るものよりも、入手しにくいものこそ価値が高い、と考えてしまう傾向

▼**ジンクピリチオン効果**

聞いたことのない、凄そうな言葉の響きだけで、「何となく良さそう」と短絡的に判断してしまう傾向

情報の「与えられ方」だけで短絡的に判断する

▼**ザイアンス効果**

何度も繰り返し接触させられることによって、それに対する警戒心が薄れ、次第に親近感を持ち始める傾向

3

代表的な理論

▼**ウィンザー効果**

商品／サービスの提供者から直接アピールされるよりも、第三者から間接的にそれを聞くと、より強く信じてしまう傾向

▼**返報性の原理**

最初に人から何かの施しを受けた際、ポジティブな行動で返さなければいけないと思う傾向

元々の「自分の考え方」が働き、短絡的に判断する

▼**確証バイアス**

自分の考えを正当化するために、それを裏付ける情報ばかりを探してしまい、ネガティブな情報に注目しない傾向

▼**一貫性の法則**

自分で決めたことについて、最後まで一貫性を持った態度を取ろうとして、それに反する行動を避けようとする傾向

▼**ヴェブレン効果**

それを購入した自分をアピールしたいという欲求が働き、高額な商品を購入したいと考える傾向

2 得することよりも「損しないこと」を過大に重視してしまう

生活者は、利益を得られそうな場面があると、理論的には最大値を得られるが、リスクが大きい選択よりも、理論的には最大値でなくても、よりリスクの少ない選択をする傾向があります。

反対に、損失が生じそうな場面では、簡単に損切りせず、リスクを負ってでも何とか回避することを優先しようとする傾向があります。

つまりは、**得をすることよりも「損をすること」に過剰なまでに反応してしまう**ということで

す。行動経済学では、「プロスペクト理論の価値関数」を使って解説されていますが、タイトルのように、もっと簡単に捉えてみるのがよいでしょう。

マーケティングの領域で、この理論はかなり実用的であると考えます。

普通は「この商品を使えば、○○のようなメリットがあります」という、得をします型の訴求となりがちなのですが、言い方を変えて「この商品を使わなければ、○○のようなリスクがあります」と、損をします型の訴求にするだけで、受け取られ方が大きく変わります。

1

代表的な理論

得られるものよりも、損失やリスクを過大に評価する

▼**損失回避性**

得をすることよりも、損をすること、リスクにさらされることについて、過大に反応してしまう傾向

▼**保有効果**

自分が保有しているものの価値を、通常以上に高く評価し、手放したくないと考えてしまう傾向

2

最大効用でなくても、目先の利益を優先する

▼**現状維持バイアス**

何かを変えることで得をする可能性があったとしても、その変化に伴う諸々のストレスを忌避し、現状維持を選択する傾向

▼**現在志向バイアス**

「目の前の欲望」を充足することの価値を過大に評価し、逆に将来の利益や損失の可能性を過小評価してしまう傾向

3

何が基準になるかで、評価や判断の内容が変わってしまう

ある物ごとを評価したり、判断したりする際に、何を「基準」としたかによって、異なる結果となる場合があります。

生活者が、対象となる商品／サービスに対して「絶対的な価値判断」ができない場合（多くの場合そうですが）、あるものを基点として、相対的な比較やそこからの距離感で判断を下してしまうことが往々にしてあります。

マーケティングの領域において、その心理を活用するならば、**こちら側の「有利な基準点」を持ち出して選ばせる**、という方法が考えられるでしょう。

またそれは、定量的なものだけではなく、何らかの「もの」や「イメージ」などを基準点に据えることもあり得ます。

前述の家電商品のケース（高額な商品を出したら、標準価格のものが売れ出した話）についても、まさにこの傾向を活用したものです。

基準からの距離そのものが、判断に影響を与える

▼参照点依存性

ある何かに関する価値を、絶対水準ではなく、自分が設定した基準（参照点）から、どれくらい変化したのかで測る傾向

2

代表的な理論

▼感応度逓減性

利益や損失が、定めた基準（参照点）から離れるにつれて、満足感や不満感が段々と減少していく傾向

最初に与えられた情報が、判断に影響を与える

▼アンカリング効果

事前に与えられた情報や数値が「基準」となって、後の判断に影響をもたらしてしまう傾向

▼プライミング効果

先に与えられた情報や印象が、無意識に後の行動や判断に対して影響をもたらしてしまう傾向

3

過去の自分の行動が、判断に影響を与える

▼サンクコスト効果

すでに支払い済みで戻ってこないコスト（サンクコスト）に気をとられ、合理的な判断ができなくなり、さらに損失を拡大させてしまう傾向

▼エンダウド・プログレス効果

ゴールに向かって若干前進したと感じると、ゴールに向かっていくモチベーションが高まり、続けたくなる傾向

4

見せ方や並べ方を変えるだけで、判断が変わってしまう

仮に、内容が全く同じだったとしても、それぞれの見せ方や並べ方によって、その判断が変わってしまうという傾向です。行動経済学では、その傾向を「フレーミング理論」と呼んでいま

す（このカテゴリーに入れている理論の中には、わかりやすくするために、それ以外のものもあります）。

前述の「手術の生存確率／死亡確率」のケースは、まさにこの傾向が働いたものです。マーケティング領域において、そんな簡単な活用方法はあまりないかもしれませんが、ニーズが細分化され、一つの商品／サービスに、大きなマーケティング予算がかけられない昨今、見せ方や並べ方だけで生活者の判断を変えられる可能性があるのなら、この方法の活用は一考の価値はあるでしょう（※「1表現の角度を変えるだけで、印象が変わる」の中にある、いくつかの切り口は、適当な呼び方がなかったので、名前は著者のオリジナルです）。

表現の角度を変えるだけで、印象が変わる

▼ポジネガフレーミング

同じ内容でも、ポジティブに表現する場合と、ネガティブに表現する場合で、印象が変わる傾向　（例：「死亡率10％」⇕「生存率90％」）

▼**強調フレーミング**

同じ内容でも、より意味合いを強調する表現によって印象が変わる傾向

（例：「青色光」⇕「ブルーライト」）

▼**単位フレーミング**

同じ内容でも、数値の単位を変えて打ち出すことによって、印象が変わる傾向

（例：「DHA2g配合」⇕「DHA2000mg配合」）

選択肢の提示方法によって、判断が変わる

▼**決定回避の法則**

選択肢が多くなりすぎると、選択に伴うストレスを感じ始め、結果として決定を回避してしまう傾向

▼**極端回避性**

両端に位置付けられるものに対し、何となくそれを選ぶリスクを感じ、中庸にあるものを選択しようとする傾向

▼**おとり効果**

明らかに選ばれる可能性が低い選択肢が加わることで、それに影響を受け、ある特定の選択肢を選んでしまう傾向

▼**デフォルト効果**

現状をあまり変えたくないという意識が働き、初期設定された状態によって、結果が異なってしまう傾向

以上、マーケティング領域に使えそうな各種理論を抜粋し、できるだけわかりやすくなるよう整理を行ってみましたが、何となく全体像は掴んで頂けましたでしょうか。

参考編の冒頭にも記載しました通り、ここではざっくり全体像を掴んで頂ければ充分です。

COLUMN 01

「ナッジ」について

「ナッジ」とは、ノーベル賞を受賞した行動経済学の権威、セイラー教授が提唱する新しい概念です。ナッジの元々の意味は「軽く肘でつつく」ということ。その定義は、「選択を禁じたり、経済的なインセンティブを大きく変えたりすることなく、人々の行動を予測可能な形で変えることのできる選択アーキテクチャーのあらゆる要素」というものです。経済産業省も当該理論に着目し、ナッジを活用した、政策の施策効果の向上を目的とした、「METIナッジユニット」を省内に設置したりするなど、言葉自体はかなり世間に広まっています。

もちろん私も、「ナッジ」をタイトルとした教授の著書を拝読しました。読後の印象としては、まさに定義の通り、大小様々な「あらゆる取組み」が、割と何でもありな感じで入っているな、というものでした。そこには、ベーシックな行動経済学理論も入っていますし、あまり見かけたことのない（細かい）理論も含まれています。私の不勉強かもしれませんが、この新しい概念、一見して「体系化された方法論」という印象を受けることはありませんでした。

「ナッジ」が語られる際、いつも出てくる事例が、オランダの空港の、男性用の小便器の話です。小便器の中央に小バエを描くことで、尿の飛沫が減り、大幅な清掃費削減に成功したという話。……実験は面白く、成功を収めたのかもしれませんが、例えばこのケースは一体、どのような汎用性を持つアプローチなのでしょうか?

「ナッジ」もまた、ある意味今までの理論の出され方に近いなと思っています。政府のナッジユニットが、これらの概念をどのように料理してくれるのでしょうか。期待してやみません。

CHAPTER

2

行動経済学をマーケティングにつなげる26の切り口

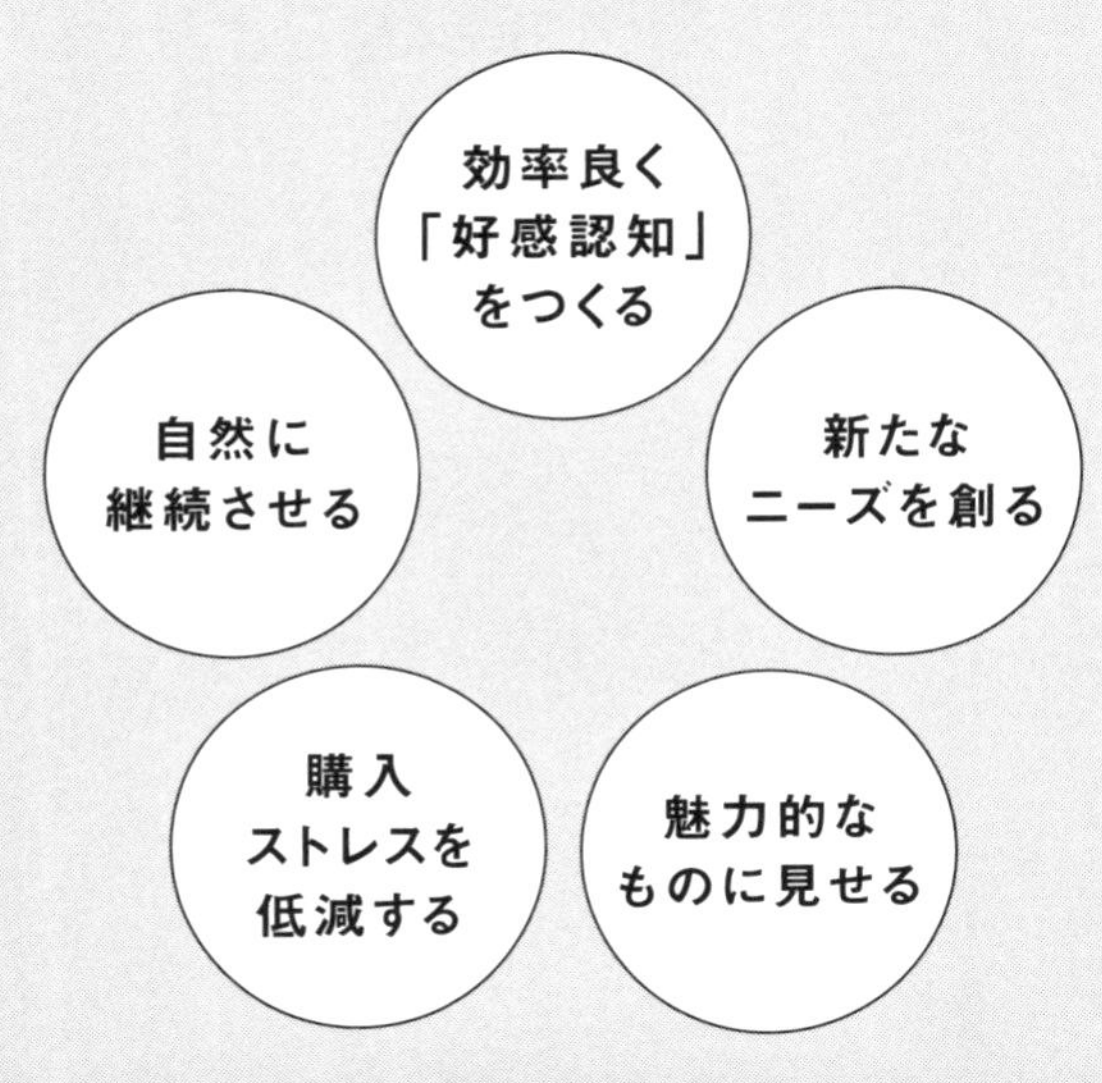

マーケティング施策を創発するための5つのカテゴリー

いよいよここからが本論です。前章でお伝えした基本的な考え方を踏まえ、行動経済学の各理論から、マーケティング施策アイデアを創発するための「26の切り口」を、5つのカテゴリーに整理しました。

切り口の導出に関しては、理論として、マーケティング戦術に転用可能と想定されるものを選定し、それぞれの理論を活用している（または結果として活用している）と考えられる様々な事例と合わせて、できるだけ直感的にわかりやすいものにまとめたつもりです。

前述の通り、これは、ヌケモレなく網羅的に検討を行うための「フレームワーク」ではありません。

あくまでマーケティング施策アイデアを創発するための、一つのツールであるという前提で活用頂ければと思います。

効率良く「好感認知」をつくるための5つの切り口

新たにリリースする予定、もしくはリリース直後の商品／サービスにおける最初の課題は、当然ながら、いかに「好感認知を獲得するか」ということです。

昨今、様々なデジタルマーケティング施策が利用可能となっており、それらを駆使すれば、ターゲットに対し、とにかく「認知」を得るだけならば難しくはないでしょう。しかし、あらゆるタッチポイントから膨大な情報が降り注ぐ中で、購買に至るまでのネクストステップに進ませるには、認知の段階から、ある程度の「好感」や「関心」をつくらなければ、そこで終わってしまう恐れもあります。

とりあえず認知させて、次は関心……と悠長にやっている場合ではありません。限られたチャンスを活かすならば、認知をとるだけではなく、同時に「認知の質」を高める工夫が必要なのです。時間とカネを有効に使うために、できるだけ一発で色々とキメたい訳です。

1 ユーザーを広告塔に

生活者が、その商品／サービスを利用すればするほど、その事実がユーザーの周囲に自然に知られていく仕組みをつくる方法

事例

▼あるフリーメールサービス（黎明期におけるケース）

あるフリーメールのユーザーが、未利用者にメールを送信すると、「あなたもこの『フリーメール』を使いませんか？」という文章が、相手が受信したメール下部に自動的に表示される仕組みを導入。これにより、ユーザーがメールを送れば送るほど、自走的に新サービスの認知（＋新規利用）が進み、非常にコスパ良くユーザーを拡大することに成功した。

▼新規参入の携帯電話事業者

通常の呼び出し音と違って、同社の携帯電話ユーザーに電話を掛けた場合のみ、最初に「ププププ、プププ」と鳴り、受信者がその会社の携帯電話ユーザーであることを、特徴的な音声にて

認識させる仕組み。それとともに、同社ユーザー間の通話が割引となるプランとの合わせ技で、ユーザーがユーザーを連れてくるという構図を構築することに成功した。

解説

この方法は、サービスの利用過程の中で、ユーザーに何ら負担をかけることなく、自然に「自分はそれを使っている」という事実を相手に知らしめる方法です。いわばユーザー自身を「広告塔」として機能させるアプローチです。

友人や家族など、自分に近い人の多くが、その商品／サービスのユーザーになっている、という事実は当然気になります。

様々な広告手法はあっても、溢れる情報の中、生活者に対して「強い印象」を残すことがなかなか大変な中で、やりとりの中で自然に露出が生まれ、かつ相手に対する信頼感を活用するという、非常に効果的な方法と言えるでしょう。

ベースにある理論

▼バンドワゴン効果

人気を多く集めていることがわかると、元々関心がなかったにもかかわらず、興味を示してしまう傾向のこと。

本アプローチでは、自分の身近にいるユーザーの存在や、その増加傾向を知らしめる露出を増やす仕組みをつくることで、好感認知の獲得につなげることを狙います。

適用条件

▼相手がいるやりとりの場面で利用、露出される商品であること

前述の事例でイメージできる通り、個人で利用が完結する商品／サービスではなく、相手がいるやりとりの場面で使われるものであることが必須条件となります。

ですので、最近では数多ある、Ｗｅｂを利用したコミュニケーションサービスでは非常に使いやすいでしょう。ただサービスの名称を相手に露出するだけではなく、印象に残すための何らかの一工夫（例：音やアイコンなど）があればなお良いです。

このアプローチを検討する際は、まず顧客がその商品／サービスを利用するプロセスを細分化し、まだ「情報の露出」に使われていない場所や、それに使えそうな場所を検討してみましょう。

活用イメージ

▼テーマ：「新しいＷｅｂ会議のシステム」をどう広める？

昨今の様々な社会情勢を背景に、テレワークが急速に浸透。各種サービス混戦の結果、Ｗｅｂ

会議のシステムは一強状態となりつつあります。そんな状況下で、とあるシステム会社は、様々な機能に優れた、新しいＷｅｂ会議システムをローンチすることにしました。普通に進めたとしても、その他大勢の中の一つ。ここからどのように好感認知を得ればよいでしょうか？

▼活用例

当該システムを使うユーザーが、会議の前にそれを使って相手を招待すると、ＵＲＬが発行されそこから入室する、という流れは同じです。しかしそれだけであると、恐らく一回で忘れてしまい、自分が発信元となる際に、「それを使ってみよう」とはならないはずです。

ですので、「新しく利用し始めるタイミング」という、情報を受け入れてくれる大チャンスのタイミングで、使い方のみならず、現時点でのユーザー数／伸び率や、相手にお奨めするメリットなどを伝える簡単な動画を作動させ、色々とポジティブな情報を吹き込んで好感認知を一気につくるという方法はいかがでしょうか。

また、自分がＷｅｂ会議を始める際に、ぱっと思い出してそれを使わせるような工夫があればより望ましいでしょう。例えば、チュートリアル後、デスクトップにアイコンが生成されるなど、色々な工夫もできそうです。

2 それとわかるデザイン

商品やそれに付随するものに、明らかにそれとわかる「シンボリックな特徴」を持たせることで、商品自体に広告塔の役割を果たさせる方法

事例

▼コードレスイヤホン

Bluetooth機能を使ったあるコードレスイヤホンは、いたずらに小型化／デザイン性だけを追い求めるのではなく、麺類が耳から出ているような、個性的（見方によっては奇異）なデザインを採用。他の何物でもない、明らかにそれとわかる商品デザインが、一種の「広告塔」となり、ユーザーが外で着用することが、商品認知に貢献していく構図をつくった。

▼長距離ランニングに特化したシューズ

ソールに新素材を使い、反発力を高めたランニングシューズが、駅伝等の長距離アスリートに広く浸透。このシューズの色は、アスリートがそれを履いていることが一目瞭然となる、特徴的な1色のみ。ある大型大会で、8割近くの選手が「明らかにそれとわかる靴」を履いていたことで極端に目立ち、さらにメディアが取り上げるという結果につながった。

解説

この方法は前述の「1ユーザーを広告塔に」と趣旨は似ています。多くの人がその商品を装着／携行しているのを見て、「あれは何だろう?」と気になってしまう心理を活用したものです。

そのような効果を発揮するためには、単純ですが、一目でそれとわかる個性を有し、そして周囲に対して「目立つ」デザインや形状であることが必要になります。また、前述の事例のような、装着／携行型の商品でなかったとしても、周囲に目立つ方法で「そのユーザーであること」自体を示してもらう方法もあります。

ベースにある理論

▼バンドワゴン効果

人気を多く集めていることがわかると、元々関心がなかったにもかかわらず、興味を示してしまう傾向のこと。

本アプローチでは、「1ユーザーを広告塔に」と同様に、明らかにそれとわかるデザインで「多くの人が使っていて、気になる」という好感認知を生み出すことを狙います。

▼ヴェブレン効果

それを購入した自分をアピールしたいという欲求が働き、高額な商品を購入したいと考える傾向のこと。

本アプローチでは、明らかにそれとわかるシンボリックなデザインで、その心理をさらに喚起することを狙います。「高額なもの」を買う心理の活用が当該理論の原義ですが、個性的なもの、先進的なものを選んでいる自分をアピールしたい、という心理も加味しています。

適用条件

▼**装着／携行することができる商品であること**

携行／着用型の商品であれば活用法をイメージしやすいでしょう。その商品／サービスのユーザーであることを示すためのアイコンをバランス良くデザインするという高難度なクリエイティブ作業が伴います。

必然的に万人から受け入れられるようなデザインから離れてしまう可能性があるため、エッジの効いたデザインにも納得感を持てるような、高い商品価値があることは前提です。

また、携行できなくても、そのユーザーであることを目立つように示せる方法があれば、検討の余地はあります。

活用イメージ

▼テーマ：「新しく開局したFM放送局」の認知度を高めたい

そのFM局の存在を広く知らしめることが最優先課題ですが、すでに多くのリスナーに支持され始めているという事実も、上手く伝えていきたいと考えています。しかし、FMというのは電波であり、それ自体を可視化することはできません。認知を獲得しながら、人気を可視化するという狙いを達成するために、どのような方法が考えられるでしょう？

▼活用例

FMを聞く場面の多くは、車の運転中でしょう。そこで車を「多くの人の目に付く情報接点」として位置付けてみます。例えば、希望するリスナーに、そのFM局の名前と周波数が目立つ、デザイン性の高い小さなステッカーをプレゼントし、それを車のリアガラスに貼ってもらうという方法はいかがでしょうか。後ろを走るドライバーからは、前走する車のドライバーが、そのFM局のリスナーであるということがわかります。それを頻繁に見かけることで、「今流行っているFM局を自分も聞いてみよう」という気にさせることを狙います。

実はこのキャンペーン、ずっと昔、ある新しいFM局が実際に展開した取組みなのです。実際、本当に多くの車にそのステッカーが貼られていました。当時私は中学生でしたが、マーケティングなど何も知らないながらに「非常に秀逸なキャンペーンだな」と思ったものです。

3 強力パートナーに乗る

すでに好感認知を獲得し、かつ露出機会が多いパートナーに、商品／サービスをバンドル（付属）してもらうことで、便乗的に好感認知を獲得する方法

事例

▼内側の湿度を逃がす衣料用素材

まずはその素材を「ブランド化」。そしてその素材を使用している衣料に、当該ブランドの「タグ」を付ける施策を講じた。その結果、普通は見逃されがちな「素材」に注目させ、それが有する機能を知らしめた。さらに、そのような方法を採るブランドが他になかったこともあり、「特殊な素材」として、当該タグのある商品を指名買いするユーザーも生まれた。

▼素敵な写真が撮れるアプリ

そのカメラアプリで撮影した写真を、メジャーなＳＮＳに簡単に投稿できるようにするとともに、「そのアプリで撮影したこと」も、ＳＮＳ上の写真に文字として表示するようにした。膨大なユーザーを抱えるSNSで、カメラアプリの名称の露出を増やしたことで、認知と信頼感を獲得し、結果的に多くのユーザーを獲得するに至った。

解説

認知度がゼロに近いブランドが、自力のみで認知を獲得していくには大変な時間と労力がかかります。もし現実的に自社と組めそうなビジネスパートナーが、幅広い露出の接点を持っているならば、それを使わない手はありません。

全くのノーコストでは難しいかもしれませんが、単品でプロモーションするよりは、すでに一定の信頼を有するブランドとセットで訴求する方が、より記憶に引っかかりますし、そのパートナーのイメージを効果的に活用することも可能となります。

ベースにある理論

▼ザイアンス効果

何度も繰り返し接触させられることによって、それに対する警戒心が薄れ、次第に親近感を持ち始める傾向のこと。

本アプローチでは、露出の多いパートナーとセットになることで接触機会を増やし、またそのパートナーの信頼感も活用して好感認知を獲得することを狙います。

適用条件

▼他サービスとのバンドルや、外部プラットフォームの利用が可能であること

恐らく多くの商品／サービスが対象となります。どんなパートナーと、どのような組み方をすると、ＷＩＮ－ＷＩＮになれそうでしょうか。メジャープラットフォーム上での展開、ある有力商品／サービスとのバンドル販売／一機能化など、色々な方法があります。

パートナーとの関係性、商品／サービスとしての融和性、期待できる露出量、効果的な露出の方法、そして何よりも、パートナーにとってのメリットを充分に検討し、打診していくことが必要となります。

活用イメージ

▼テーマ：労務管理のクラウドサービスをどう拡げるか？

自社で開発した、従業員の出退勤や残業時間などを管理する「労務管理ツール」をこれから浸透させたい。いくつかの先発サービスが認知を拡げている中で、後発である自社がここから巻き返していくにはどうすればよいでしょうか？　広告等を通じて、自力でゼロから認知を獲得するには、コストがかかりすぎてしまいます。

▼**活用例**

大手と同じ土俵で、広告での体力勝負をやっても勝ち目はありません。そうではなく、どのパートナーに乗ると、効果的に好感認知まで獲得できるかということを考えてみます。

まず、当該サービスのカテゴリーである「労務」というテーマで、企業に幅広くコンタクトしている人たちは誰かと言えば、例えば社労士です。社労士は、企業の給与計算であったり、労務相談等で、顧客企業に日々接しています。そこで彼らのネットワークを活用するという方法はどうでしょうか。

社労士にとっては、当該サービスを自分の顧客企業に紹介するだけで、新しい継続的な収益源になり、売上を増やしたい社労士にとってはメリット充分です。ですので、社労士がセールスしやすい資材の整備と、必要に応じて教育機会を準備すれば、それらはかなり汎用的に展開することができるはずです。そして顧客企業からも、「先生」としてお願いしている社労士が奨めるサービスなら、他のどんなサービスより受け入れてもらいやすく、結果的に効率よく好感認知が獲得できるはずです。

これは、ある新進企業「ミナジン」(minagine.jp)が展開している戦略であり、すでに都内の主要エリアにおける社労士ネットワークを押さえるなど、これからの展開が大いに注目されています。

4 社会的トピックに紐付け

生活者やメディアが興味を持ちやすい「社会的トピック」に絡めたコミュニケーションを行うことで、取り上げられる可能性を高める方法

事例

▼**グローバルに展開するアパレルブランド**

選挙の日に、同ブランドは「私たちの地球のために投票しよう」という取組みを行った。ＰＲ活動を通じてそのメッセージを事前に発信し、全ての直営店を休業した。これにより、単に全店休業するという告知にもかかわらず、同社の企業理念と一致した、非常に倫理的な取組みであることから、様々なメディアがニュースとして取り上げることとなった。

▼**ある新しいクレジットカードサービス**

北欧のあるフィンテック企業は、それを使って商品／サービスを購入すると、その商品／サービスの購入がもたらすＣＯ２排出量が自動計算・管理できるクレジットカードを発表。日々の生活の中で、環境問題を生活者に認知させるユニークな取組みと評価され、世界的な広告賞を取るなど、グローバルに注目を集める結果となった。

解説

多くの生活者が認識している「社会的トピック」の解決に、ユニークな方法で貢献しようとしている（ように見える）商品／サービスは、ある意味、全ての生活者にとっての絶対善として、「価値のあるもの」→「取り上げるべきもの」と見做してもらえる可能性が高まります。

対象となるものに、何かしらの「社会的トピックとの結節点」が見つかりそうであれば、是非試してみてください。それをメディアに気付かせることができれば、利益重視の「売らんかな」的なコミュニケーションよりも、より効果的に好感認知を獲得できる可能性が生まれます。

ベースにある理論

▼ハロー効果

ある「目立つ特徴」に引きずられ、それだけで評価がポジティブ（ネガティブ）に振れてしまう傾向のこと。

本アプローチでは、皆が気にする「社会的トピック」との紐付けによって、「着目すべき価値のあるもの」と判断させることを狙います。

適用条件

▼何らかの社会的トピックの解決につながる要素や文脈があること

かといって、ありがちな社会貢献の方法（例：1台売れたら○○にいくら募金するなど）ではメディアとして取り上げたいニュースにはなりません。

商品／サービスの特徴に紐付けた、意外性のある社会的トピックとのつなげ方や、解決方法の新しさがないと埋没してしまいます。また、取組みの事実を知って頂くためのPR活動を積極的に行うということも大前提でしょう。

活用イメージ

▼テーマ：新しい「街乗り用の小型EV」を話題化したい

世界で急速に拡がりを見せるEV市場。それを背景に、大手自動車メーカーはラインナップを拡充していますが、参入障壁の低さもあり、異業種からの参入も予想されています。

そんな中、ある電機メーカーが、街乗り用の小型EVを発売し、新規参入することになりました。クルマの特徴としては、街中でフットワークよく乗れる小型であるということ。でもそれだけだと、あまりにも訴求力が弱い。好感認知を獲得するために、どうすればよいでしょうか？

▼**活用例**

まずは世間からの注目を集めるために、「社会的トピックに紐付け」というアプローチを検討してみましょう。EVの周りにある社会的トピックとは何でしょうか。「エコ」はいくらなんでも今さらすぎて使えません。

EVに関連する、自動運転、スマートモビリティ時代に関するこれからの社会的トピックの一つは、恐らく、乗員や周囲に対する「安全性の担保」でしょう。それは今後ますますクローズアップされていくはずです。

そこに着目し、このクルマのミッションを、「日本で最も安全なEVを目指す」と掲げ、「事故率、事故死率をKPI（重要業績評価指標）とする」と宣言してしまうのはどうでしょうか。わかりやすい社会的トピックとつなげて注目してもらうことを狙うのです。

もちろん、それに向けた関連施策の継続的な打ち出しも必要ですが、好感認知を獲得し、独自のポジションを確立する、いい入り口になるかもしれません。

ある欧州の自動車メーカーが、類似のKPIを打ち出していたことがあります。そのブランドの個性も踏まえた、非常にいい訴求方法だなと感じていました。

5 ファンから情報発信

ロイヤリティの高いファンから、客観的な視点で、商品／サービスに関連する情報や感想を発信してもらい、それを使って好感認知を獲得する方法

事例

▼近年復刻したスポーツカー

当該スポーツカーのユーザーを対象とした「ファンコミュニティ」を開設。オンライン上だけでなく、様々なオフラインのイベント（例：走行会など）を継続的に企画。イベントに参加している様子や、マイカーのカスタム写真など、そのクルマのある楽しい生活の一片をユーザー自らに発信してもらうことで、強力な訴求ツールとなった。

▼キャンプ用品メーカー

会社の敷地内に、そのブランドのユーザーが利用できるキャンプ場を併設し、ブランドのファンと、同社のスタッフが実際に商品を使いながらコミュニケーションを取れる機会を提供。そのような特殊な体験を提供することで、ファンのロイヤリティを高めるだけでなく、ファンを起点とした「情報の発信機会」として機能している。

解説

提供側自らが自分たちの商品／サービスを説明するよりも、実際に使っている人が発信する情報の方が、よほど客観的であり信憑性を感じます。もし、熱量の高いファンを少しでも抱えているならば、検討中の顧客から「好感認知」を獲得するために、彼らを使わない手はありません。

簡単に情報を発信できるSNSの普及に伴って、この方法はすでに多くの企業が採用しています。もちろん、ファンの熱量にだけ依存した方法ではなく、彼ら自身にもメリットがあり、また自然な形で情報発信に協力してもらえるようにすることは大前提です。

ベースにある理論

▼ウィンザー効果

商品／サービスの提供者から直接アピールされるよりも、第三者から間接的にそれを聞くと、より強く信じてしまう傾向のこと。

本アプローチでは、「ファン」という、その商品／サービスの魅力を第三者的に理解している群から情報を発信させ、その情報を活用して好感認知を獲得することを狙います。

▼一貫性の法則

自分で決めたことについて、最後まで一貫性を持った態度を取ろうとして、それに反する行動を避けようとする傾向のこと。

本アプローチでは、自分が愛用したり支持したりしているものについて、それを選択したことの正当性を、他者に奨めることで再認識したい、という気持ちを活用しています。

適用条件

▼少数でも熱量の高いファンを抱えていること

熱量の高いファンを多く抱えていれば、迷うことなく、そこからの情報発信を促すための方法を検討するべきでしょう。ファンの数が未だ少数であったとしても、その情報を引き出し、自社発信のコンテンツとして利用することで、見込み顧客に対する「魅力の訴求」に活用することはできます。

この方法は、何よりもファンの気持ちに寄り添うことが重要でしょう。彼らがそもそも何を望み、どういう自分でありたいと思っているか。協力依頼の前に、まずはファンのインサイト（潜在ニーズ）をしっかりと紐解くことから始めましょう。

活用イメージ

▼テーマ：「魅力的だが、知られていない自動車」の認知を拡げたい

乗ればその良さが必ずわかるが、その良さがあまり伝わっていないクルマがあるとします。広告宣伝以外の方法で、ターゲットとなる生活者に対してもっとアピールし、そのクルマの存在と魅力を知ってもらうためにはどのような取組みが考えられるでしょうか？

▼活用例

あえてそのクルマを選んだオーナーは、きっとそのクルマを深く気に入っており、その魅力を他にも伝えたいと思っているでしょう。そんな熱量の高いオーナーに協力をお願いする、あるキャンペーンのアイデアです。自分のそのクルマを、自分の知人や、自動車会社が紹介する人に貸すという取組みです。いわば、ユーザーがユーザーを創り出すという仕組みです。クルマを単に貸し出すだけでもいいのですが、「オーナーが同乗する」ことができれば、さらに効果的。試乗中、オーナーは助手席に座り、このクルマの魅力について、試乗している方に、ナマの声で横から色々と語る訳です。

もちろん、当該プログラムに協力してくれた方には、何らかのインセンティブ（1台売れたらポイント付与等）が自動車会社から提供されることも必要でしょう（実際は色々な規制や制約があるかもしれませんので、あくまでもアイデアということで……）。

COLUMN 02

クレジットカードに対するホンネ

私はクレジットカードのサービスについて、そこまで細かい差がわからないので、正直言って、「カードの迫力」でしか選んでいません。ですので、明らかに提携カードの方がお得そうであることはわかりつつも、見た感じの迫力で、プロパーカード（そのカード会社が単独で出しているカード）を選ぶという非合理的なことをやってしまっています。

ある時、今持っているカードの上位ステータス（プラチナステータス）のカードが「メタル製」になったというお知らせが。「迫力があってカッコいい。欲しい……」ヴェブレン効果の魔の手が私を誘う。相当な利用実績がないと入会インビテーションをくれない、という希少性の法則も働き、そのプラチナカードをゲットするべく、せっせとそのカードだけを使い続け、とうとう念願の案内が届いた……のとほぼ同じタイミングで、そのプラチナカードが、なんと案内不要な「申込制」になったというニュースが……。ど、どうしちゃったのでしょうか?

私がプラチナカードに求めるものは、「手厚いコンシェルジュサービス」ではありません。私を含め、多くのユーザーのホンネとしては、なかなか入手しにくいそれを、人に「見せびらかしたい」という「ヴェブレン効果」そのものだと思うのですが、違いますかね？　結局、何回か案内が届きましたが、欲しい気持ちが消え失せお断り致しました。その後、他社のカードを調べると、さらにシンプルなメタル製で、指定のレストランへのリムジン送迎サービスもあるという、まさに「その欲求」をわかりやすく満たすカードがあることを知り、いいタイミングで乗り換えることにしました。求めているのはこういうことです。

新たなニーズを創るための7つの切り口

今や全ての市場は成熟化が進んでいます。多種多様な商品／サービスが溢れかえり、生活者の欲求もかなり細かいレベルで満たされている中、調査等を通じて、まだ手つかずのニーズを探し当てるというのは至難の業です。

そんな難しい時代を突破していくためには、「ニーズ自体を新たに創り出す」「ニーズがあったように思わせる」ようなアプローチを検討する以外にありません。現代マーケティングの最重要課題といっても過言ではないでしょう。こんな時こそ、「心のスキを突く」行動経済学の出番です。

時間をかけ、じっくりとニーズを育てていく正攻法ではなく、できるだけ一発でそう思わせることを狙います。またステップとして、前述の「好感認知の獲得」の後にしかこれがこない、というものでもありません。それを飛ばしてここから入ることも大いにあり得ます。

6 リスクを強制想起

生活者に対して、今まで気付いていなかった「今そこにあるリスク」を連想させ、危機感を持って「今やらないとマズイ」と思わせる方法

RISK

MAGAZINE

事例

▼セキュリティ保護ツール

自分の個人情報（ログインＩＤやパスワード、クレジットカード情報など）が、知らない場所で、どの程度流通してしまっているかを数値化できるツールをＷｅｂサイト上に設置。その場ですぐ、どれだけ個人情報悪用の可能性にさらされているかについて数値で実感させ、サービスの購入導線に効果的に引き込むことにつなげた。

▼電動シェーバー

朝のオフィス街で、行き交うビジネスマンに声をかけ、その場で「この電動シェーバーでもう一度ひげを剃ってください」と依頼。ひげ剃り後、白い板の上に今剃ったひげを落として、どれ

くらい剃り残しがあるかを表現する、かつての有名なＴＶＣＭ。間接的ではあるものの、ひょっとしたら自分にも剃り残しがあるかも……という気持ちにさせた。

解説

もし現状に何の不満もない状態で、「これには＋αのメリットがあります」と伝えられたとしても、まああればいいけど必要もないかな、としか思えません。しかし、「実は、あなたは損していますよ」「あなたはリスクを抱えていますよ」と言われると、今まで何も問題がないと思っていればいるほどドキッとしてしまいます。

同じ商品／サービスでも、訴求するアングルを変え、問題意識を表出化させるべく、あえて「ネガティブな方向」から攻める方法は、行動経済学的アプローチの典型とも言えます。

ベースにある理論

▼損失回避性

得をすることよりも、損をすること、リスクにさらされることについて、過大に反応してしまう傾向のこと。

本アプローチは、ポジからネガにアングルを変えた訴求で、新たなニーズを生み出そうとする、まさにこの心理を使った典型的な方法です。

適用条件

▼提供する価値が、何かのマイナスを埋めるものであること

それが提供する新しい価値を享受しないことによって、何かの不便が生じる／何かの機会損失が生じる／何らかの将来のリスクが生じる、という説明ができることが必要です。

多くの商品／サービスが検討対象となるでしょう。あまりに強い表現で嫌悪感を抱かせると意味がありません。嫌みを感じさせない程度の言い方にすることも重要です。

活用イメージ

▼テーマ：「企業サイトのSEOサービス」の新規顧客を開拓したい

このようなサービスはすでに飽和状態にあり、SEOベンダーの一括比較／見積もり依頼サイトがあるくらいです。すでにニーズが顕在化している企業を狙っても、価格勝負になるだけです。ここで考えたのは、今までSEO対策に必要性を感じていなかった「潜在層」の開拓です。

SEO対策に関するニーズを意識させるにはどうすればいいでしょうか？

▼活用例

単純に、「ウチのサービスを使えばもっと集客できます」とか、「もっと歩留まりが良くなります」というアピールをしても、その時点でニーズを感じていない対象者にとっては、響きません。

そこでこのアプローチ。まずは「あなたの会社のWebサイトを診断します」という無料の解析ツールをつくり、そのページにコンタクトさせます。そして、自分たちの企業サイトのURLを分析ツールにコピー&ペーストし、分析ボタンを押すと、自分たちがSEO対策の不備で、どれだけ客を取り逃がしているのかということがスコア化されるという仕組みです。

そこでSEO対策の必要性に気付き、問い合わせボタンを押す……という流れです。これは、あるMA（マーケティングのオートメーション）ツールのベンダーが実際に行った手法で、かなりの成果を上げたという話です。

7 新たな「敵」の紹介

ターゲットが脅威に感じる新たな「敵」を紹介し、存在を認識させた後、その敵から身を守る手段として、ある商品／サービスを紹介する方法

事例

▼有害な光を防ぐメガネ

ＰＣモニターなどから発せられる、ある有害な光について、新しく「○○ライト」というわかりやすい言葉をつくり、その危険性を世間に紹介し、まず生活者にとっての「新たな敵」を創り出した。その後、「○○ライト」をカットするメガネをリリース。当該メガネは「敵から自分を守ってくれる道具」として認識され、急速に普及した。

▼機能性のヨーグルト

様々な疾患の原因となる、内臓に潜む「○○菌」の存在とそのリスクについて、メーカー自らが生活者に対し広く啓発を行い、その菌についての認知を高めた。その後「当該商品が○○菌に対して作用する」という連想を生み出すコミュニケーションを展開。健康意識の高まりを背景に、強力なポジションを獲得した。

解説

前述の「6リスクを強制想起」と考え方は共通しています。まずは、ターゲットの間で「敵」として共通言語化できる、何らかの「取り去るべきもの／回避すべきもの」を浸透させます。すると、それを払拭したいという、新たなニーズが生まれます。

その認識が生まれた後、その「敵」となるものを、この商品／サービスによって払拭することができますよ、という段取りを踏んでいくアプローチです。かつて、戦略ＰＲという言葉が広まりましたが、一つの典型的なアプローチとも言えます。

ベースにある理論

▼損失回避性

得をすることよりも、損をすること、リスクにさらされることについて、過大に反応してしまう傾向のこと。

本アプローチでは、紹介された「新たな敵」によって、自分の何かを脅かされている状態から逃れたい、という気持ちをつくることを狙います。

適用条件

▼提供する価値が「新しい何か」の解消や低減につながること

それがあることで払拭できる「新しいリスク」を設定できることが大前提です。

一企業の勝手な提案と見做されないよう、何らかの権威も効果的に使いつつ、できれば第三者的な立場からそれを発信するという方法が望ましいでしょう。

また、それを聞いた時に「何だろう？」と関心を喚起できなければ成立しません。そのリスクを表現する、ターゲットの間で共通言語化できるようなわかりやすくキャッチーな言葉をいかにつくれるかも重要です。

活用イメージ

▼テーマ：オフィス向けの「ロボット掃除機」を拡販したい

家庭用の小型ロボット掃除機は、ここ数年でかなり普及が進んできましたが、少し成長も鈍化してきました。ここでさらなる需要を開拓するために、オフィス需要を狙うことにしました。しかし通常は、オフィスメンテナンス業者さんが、朝、掃除をしてくれるので、わざわざ自社で掃除機を買う必要性を感じてくれない可能性もあります。どうしたらよいでしょうか？

▼活用例

まさに、「相手が特に不自由していない状態」から需要を創造するという難しい作業です。ターゲットとなる企業の総務部の方に、これがないとマズい、と思わせるにはどうすればいいでしょうか。

住居と違ってオフィスは基本土足です。カーペットは一見綺麗なように見えますが、外で靴に付着した色々なものが、そこにも付着している訳です。オフィスワーカーも、長い時間を過ごす空間ですので、できるだけ清潔でありたいとは思うでしょう。

そこで新たな「敵」をつくってみます。例えば「お昼にはこれくらいゴミが付着している」とか、「外で付着したホコリが空調によって空間を浮遊している」などを検証し、それが様々な疾患リスクにつながるなどの情報を伝えてみます。そしてそのホコリを、新しい敵「オフィス特有の『○○ダスト』」と名付けてしまうのです。まずそれを浸透させた後から、「○○ダストには、ロボット掃除機」と訴求するという順番です。

また、昨今の社会的トピックとなっている「感染症」への一つの対策として紐付けてみるのも有効でしょう。

8 新習慣の創出

ターゲットが、日常の中で頻繁に行う行動や、頻繁に直面する状況に新たな「習慣」を紐付ける方法

事例

▼あるトクホのお茶

多くの生活者が経験する「脂っこい食事」。そのような食事を摂る際に、一緒に飲むべきもの（脂肪の吸収を抑えてくれるもの）として訴求。その結果、「脂っこい食事→○○茶」という連想を形成し、その状況に直面した際に、容易にその商品について思い出し、利用したいという気持ちにさせた。

▼ハーブの健康ドリンク

詳しい機能訴求は特に行わず、「（お酒を）飲む前に飲む」というキャッチフレーズを徹底的に訴求し、飲酒というよくある状況においての「新しい行動」を埋め込んだ。その結果、「アルコールを飲み始める前に飲むドリンク」という、特定の行動に紐付いた独自のポジションを獲得することに成功し、広く浸透した。

解説

ターゲットの、ある「日常行動」が発生した時、それを記憶のトリガーとして、ある商品／サービスのことを思い出してもらうことで、その度ごとに習慣的に使ってもらうことを目論むアプローチです。

日々の当たり前の行動とセットになっているので、「全く新しい行動を提案する」ことよりも自分ごと化しやすく、ニーズを喚起する非常にいいきっかけになります。

なぜ、その行動の際に使わなければいけないのか、という理屈の説明も重要ですが、「ヒューリスティクス」（短絡的に判断する傾向）を加味すると、前述の事例のように、あまり複雑な情報処理をさせず、感覚的に想起させる方法も考えるべきでしょう。

ベースにある理論

▼プライミング効果

先に与えられた情報や印象が、無意識に後の行動や判断に対して影響をもたらしてしまう傾向のこと。

本アプローチでは、ある特定状況での行動を想起させる「印象的な言葉や映像」をプライマーとして位置付け、自然に意識に刷り込み、行動させることを狙います。

適用条件

▼何らかの方法で、「よくある日常行動や状況」に紐付けられること

今まで、そのような訴求をしていなかったとしても、対象となる商品／サービスを、何らかの日常行動や状況に紐付け、メリットが生まれそうであれば、検討してみる価値はあります。

メリットとは、その日常行動に伴う「不安や不満」を解消できたり、より「利便性」が高まったり、何か「＋αの便益」があったりするなど、ネガポジ両方の視点で検討してみましょう。

対象となる日常行動と、その商品を紐付ける連想構造をつくるために、生活者がその場で想起しやすい「シンプルなフレーズ」をつくることも必要となります。

活用イメージ

▼テーマ：「男性用フェイシャルクリーム」を広めたい

ある化粧品メーカーが、男性ビジネスパーソンをターゲットにした、肌のハリやツヤを良くすることができるフェイシャルクリームを開発しました。

男性は女性と比べて、毎日の肌のケアに興味を持つ人はまだそれほど多くはありません。ですので、女性向けと同じような訴求の仕方をしても、上手く浸透はしないでしょう。ここで知恵を絞って、男性にゼロからニーズを創り出す方法を考えてみましょう。

▼活用例

ターゲットである男性ビジネスパーソンの日常生活の中にある、「見た目」を気にする場面にはどのようなものがあるでしょうか。例えば「大切な商談の前」や、アフター5の「デートの前」などは、少しでもパフォーマンスを高めようとスイッチが切り替わります。

そこで、これらの状況に紐付けてみます。例えば、「大切な時間の前には、印象を良くするために、肌を引き締めよう」と訴求してみるのはいかがでしょうか。

「10年後の肌」という訴求ももちろんありですが、ずっと美しくいたい、という気持ちを持っている男性はまだそれほど多くない気がしますし、行動経済学的に言えば、将来得られるメリットに対しては過小評価しがちです。ゆえに、思い切って「その瞬間を成功させたい」という顕在化している短期的な便益にフォーカスしてみるというチャレンジです。

このように、フェイシャルクリームを使うべき状況を明確に提示し、重要な約束の前にはそれを必ず塗って出かける、という習慣を作るのです。

9 いい言い訳の提供

ホンネとして、何らかの「罪悪感」を持ちやすい商品／サービスの利用に際して、気持ち的に救われる理由を提供する方法

事例

▼定番のインスタントラーメン

親として子供にインスタントラーメンを出すことは、やや手抜きをしているという罪悪感を持ってしまいやすい。そこで、（インスタントラーメンに）「一手間かけることが、子供への愛」というメッセージを訴求。忙しい親が、インスタントラーメンを出す際の罪悪感を払拭する、「救われる理由」を提供した。

▼タバコのブランド

あるタバコは、コミュニケーションのメッセージに、「農業（タバコ葉の畑のイメージ）」や「オーガニック」などの、社会善的な内容を込めた。その結果、不健康なイメージのあるタバコに、

「社会につながっている」「オーガニックなもの」という、一種「健全なる」利用の言い訳をユーザーに提供した。

解説

それを使う際に「かすかな後ろめたさ」を何となく感じてしまうような商品／サービスは皆さまの周りにもきっとあるかと思います。本当は使わない方がいいけど、どうしても使ってしまう、やめられない……まさに「認知的不協和」（矛盾する認知を同時に抱えると、不安定な状態になること）が生まれている状況です。その感情を標的に、何らかの「それを使っていい理由」を提供し、その不協和から解放するアプローチです。それが厳密な事実として「解放」できているかどうかよりも、免罪符として生活者がパッと飛びつきやすいわかりやすさが重要です。

ベースにある理論

▼確証バイアス

自分の考えを正当化するために、それを裏付ける情報ばかりを探してしまい、ネガティブな情報に注目しない傾向のこと。

本アプローチでは、それを選択する際のわかりやすい「大義名分」を与え、やはりそれを使ってもいいのだ、という納得感を与えることを狙います。

適用条件

▼利用に際し、何らかの「後ろめたい気持ち」を伴うものであること

後ろめたさは当たり前……と思われているカテゴリーほど狙い目です。その後ろめたさの原因を、真っ正面から解決しようとしても、簡単に解決できないからこそ、そうなっている訳で、相当難易度は高いでしょう。そうではなく、本質的な解決でなかったとしても自分に言い聞かせられるような、別のわかりやすいメリットか、あるいは、誰もが否定できない「絶対善的な理由」(「社会課題の解決」「地域社会への貢献」「家族や友人への慈愛」など)を入れるということであれば、色々な工夫の余地はあると思います。

極端に言えば、厳密に見た時の正しさや、有効な効果のあるなしというよりも、パッと飛びつきやすいわかりやすさや、イメージの拡げやすさがより重要となります。

活用イメージ

▼テーマ：夜の時間に、スイーツを食べてもらいたい

コンビニスイーツ(アイス)を販売しているあるメーカー。忙しい男女ビジネスパーソンに、帰宅後の習慣として、夜にアイスを食べてもらいたいと考えています。しかし、昨今の健康意識の高まりを背景に「糖質を制限する」という食生活がスタンダードになる中で、夜間のカロリーを抑えたい、という生活者の心理が阻害要因になっています。かといって、単純に、「カロリーゼロ」というのもありがちであるし、合成甘味料を配合するのにも抵抗があります。

さて、どのような方法で、夜中のスイーツに伴う「罪悪感」を払拭できるでしょうか?

▼活用例

確かに、私もスイーツは大好きな方で、一番食べたくなる時間は夜中なのですが、カロリーのことを考えて避けるようにしています。この難題を解決するために、「いい言い訳の提供」というアプローチを検討してみましょう。

スイーツを食べると、美味しいだけではなく、幸せで豊かな気持ちとなり、心の満足感を得ることができる気がします。このような心理にフォーカスし、例えば「スイーツでリセット」「スイーツでリフレッシュ」などという、「食べる言い訳」になるような新しい言葉をつくり、夜にスイーツを食べる時間は、明日への活力につながる大切なひととき、という新しい捉え方を訴求するという方法はいかがでしょうか。その行動を習慣化してもらうために、小分けにするとか、サイズを小ぶりにするとか、夜食べてもお腹が冷えないような成分にするとか、機能的な部分をそれに紐付けていくことも必要でしょう。あくまで、その概念の浸透とセットで。

10 節目需要の創出

ライフステージや日常生活の中でのある「節目」において、その商品／サービスを購入するものである、というイメージを形成する方法

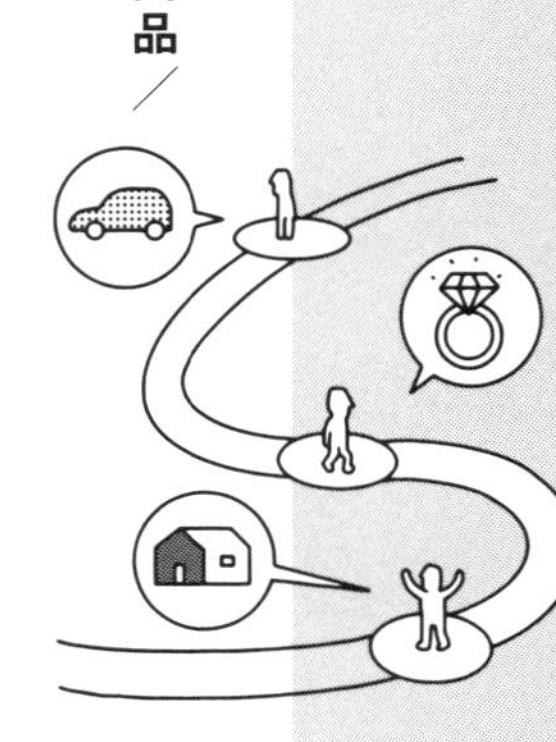

事例

▼ダイヤモンドの需要創造

ダイヤ市場が落ち込んだ時代、新たな需要を開拓するために、「婚約時にはダイヤの指輪を」という、節目需要創出型のキャンペーンを展開。その結果、婚約時の必須アイテムという共通認識を生み出し、節目需要を拡大することに成功した。また、それだけではなく、元来女性が買うものであったジュエリーを、男性が買うという新しい慣習をも生み出した。

▼結婚情報誌

「プロポーズされたら、○○」という、購入の節目そのものをセットで伝える、明確なキャッチコピーを展開。結婚が決まれば、日が迫ると式場などの情報は手にするが、プロポーズという最初に来る、そして最も気持ちが動く節目に紐付け、他の追随を許さぬ圧倒的なポジションを獲得した。また、それを読むこと自体がカップルの一つの楽しみにもなった。

解説

基本的に、生活者は面倒くさがりなので、あまり深く考えることはしたくないものです。ゆえに、多くの人が共通認識として持つ、「そのタイミングで買うべきもの」というルールに乗って行動を決めることができれば、ラクをしたい生活者は無意識的にそれに乗ろうとします。まさにその心理を活用した方法です。

また生活者には「面倒ごとは先送りしたい」という心理（現状維持バイアス）があります。そのカウンターとして「必然性のありそうな節目」を設定し、意思決定を促すという狙いもあります。

ベースにある理論

▼アンカリング効果

事前に与えられた情報や数値が「基準」となって、後の判断に影響をもたらしてしまう傾向のこと。

本アプローチでは、ある明確なタイミングを、購入のアンカーとして意識させることで、自然にそのタイミングにおける需要を生み出すことを狙います。

▼現状維持バイアス

何かを変えることで得をする可能性があったとしても、その変化に伴う諸々のストレスを忌避し、現状維持を選択する傾向のこと。

本アプローチは、購買の阻害要因となり得る、そんな「先送り心理」を超えていくための方法論とも言えます。

適用条件

▼それを購買する必然性が少しでも高まりそうなタイミングがあること

その商品／サービスの特徴を踏まえ、「ライフステージ」「仕事や家族生活のイベント」「カレンダー」「時間帯」「体調や感情の変化」など、色々な軸で、購入する必然性が少しでも高まり、そして自社としても有利となるタイミングを見極めてください。

また、先送り心理に陥りやすい商品／サービスの場合は、節目として「締め切り」を設けて、そこを過ぎると何らかの「損失」があるという打ち出し方をします。単品の通販サイトで、「あと何時間何分で割引が終了する」みたいな方法はよく見かけますよね。

活用イメージ

▼テーマ：「街の銭湯」に、お客様を呼び戻したい

年々利用者が減り、後継者不足も相俟って、どんどん街からその姿を消している銭湯。もし銭湯に、定期的にお客様が来るようになれば、後を継ぎたいと考える若者も出てくるかもしれません。やはり全ては、銭湯の新たなる需要の開拓以外にありません。どうすればよいでしょうか？

▼活用例

お風呂の基本的な提供価値、つまりただ普通に体を洗い、リラックスするというだけなら、自宅のお風呂で充分まかなうことができます。ですので、いったんそこから離れ、銭湯だからこそ提供できる価値を見直すことが必須でしょう。そこに紐付け、銭湯ならではの「節目需要」を生み出す方法を考えてみます。

例えば、日本の古来の風習から引用し、毎月1日と15日からの3日間、「厄落とし」や「願掛け」などを目的とした薬草や果実を入れた「季節湯」を入れるのはいかがでしょうか。そういう節目を作り、銭湯に久しぶりに行くきっかけをつくるのです。できれば業界全体で。

そんな節目を機に行ってみると、銭湯はそもそも気持ちよく、また地域のコミュニティを感じる非常に良い場でもあることにきっと気が付くでしょう。そんな節目を機会に、定期的に銭湯に出かける習慣ができれば嬉しいことです。

11 ひとまず保有させる

いったん無料で商品／サービスを保有させたり、一時的に利用権利を提供したりすることで、手放したくなくなる気持ちを喚起する方法

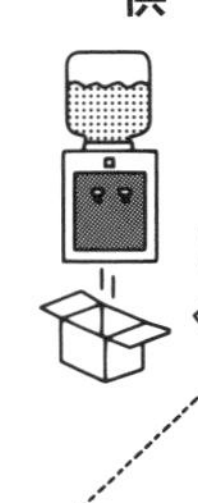

事例

▼ウォーターサーバー

ウォーターサーバーの売り方の定石は「1ヶ月間設置無料」という方法。最初は購入する気がなくても、「水」はそもそも頻繁に使うものであり、いつしかそれがある暮らしを当たり前に感じ始める。その結果、無料期間が終了しても、「自分の生活に溶け込んだ」それを奪われることに抵抗を感じてしまい、そのまま契約してしまう。

▼オンライン版ニュースメディア

当該サービス各社が展開している、「1ヶ月間は購読無料」というキャンペーン。それを読む時間を生活ルーティンに溶け込ませ、継続利用を促す方法。しかしながら、無料とはいえ、それをたまにしか読まない状態が続くと、「保有効果」を働かせ、継続を促すことは難しい。とにかく毎日、何らかの方法で目に触れさせるための仕掛けが必要ではある。

解説

最初は、自分にとってそれほど必要ではないものだけど、まあタダだからいっか……という軽い気持ちで使ってみたのだとしても、いったんそれが生活の中に溶け込み、「自分のもの」になってしまうと、いざ手放す場面において、急にそれに対する価値を感じ、失いたくないという気持ちになります（人間関係でもそうですよね）。

いざその期間が終わる際、それがなくなったことで生じそうなリスクを憂慮し、結局使い続けてしまうのです。

ベースにある理論

▼保有効果

自分が保有しているものの価値を、通常以上に高く評価し、手放したくないと考えてしまう傾向のこと。

本アプローチは、顧客にリスクがない方法でいったん保有させ、価値を感じさせるという、まさにこの心理を使った典型的なアプローチと言えます。

適用条件

▼生活の中で、高頻度で使う商品／サービスであること

本アプローチを効果的に活用するためには、日々の生活の中で高頻度で使うものか、そうでなければ使わせるための工夫が必要です。「保有効果」を作動させるには、その価値を感じさせなければいけないからです。そして、手放したくないと思わせるために、利用期間中にできるだけ様々なメリットを伝えるべきでしょう。

もう一つの運用上の視点は、一定期間無料で利用させることに伴うコストをどこまで許容できるかです。当たり前ですが、リアルな商品であると、一度使わせると返品された場合に新品で売れなくなります（無料貸与用の専用商品があれば別ですが）。Ｗｅｂ系のサービスでは、無料提供に大きなコストが生じないため、この方法は非常に使いやすいでしょう。

活用イメージ

▼テーマ：「単価の高い自転車」をもっと販売したい

街にある、人気の自転車屋さんのお悩みです。自転車はよく売れているのですが、普通のママチャリは、量販店の安値攻勢もあり、どんどん単価が下がってきています。

店舗としては、もっと高額な自転車に対するニーズを生み出し、客単価を少しでも高めたいと考えています。しかし、いくら「高額な自転車」を店頭でアピールしたり、来店客に説明したりしても、なかなか振り向いてもらえません。どうしたらよいでしょうか？

▼活用例

元々ニーズがなかった人に対して、通常のものと比べ、価格が数倍のものを売ることは簡単ではありません。様々な機能的な利点を言葉や資料で説明したとしても、心を動かすことは難しいでしょう。

そこで試してみたいのがこの方法です。やはり高級な自転車は、日常生活の中で、実際に乗ってみてこそ、その価値がわかるというものです。

例えば、1週間限定で、自分が今乗っている自転車と、売りたい「高額な自転車」を交換する形で、無料で貸し与えるという方法はいかがでしょうか。1週間も使うと、日常生活の様々な場面での利用イメージが掴めますし、かなり現実的にこの自転車を保有するメリットがわかるでしょう。貸し与えるのは、もちろん試乗専用機で。

そして返却の際に一押し、「トライアル後にご購入された方の割合は〇〇%もあるんですよ」と伝えてみるとか……バンドワゴン効果も活用してみましょう。

12 とにかく近くに

商品／サービスを、ターゲットが日常的に目にする接点で露出することで、いつしか親近感を持たせ、手に取らせる方法

事例

▼置き薬

300年以上前に富山で始まった、お客様に、様々な薬が詰まった薬箱をまず預け、使った分だけ代金をもらうという伝統的な売り方。自宅の棚など身近な場所にあることで、調子を少し崩したら、折角置いてあるから試してみようという気持ちになる。普通は身近にないものだが、購買接点を圧倒的に接近させることで、需要創造につなげている。

▼オフィス向けお菓子ＢＯＸ

オフィスに小さなボックスを置き、その中に様々な種類のお菓子を入れて販売、後日精算するサービス。今までお菓子を買わなかった人も、自分のデスクのすぐそばにあるので、日々目にし

ているうちに、ワンコインで買えるという利便性も手伝って、ついつい手を伸ばして購入してしまう。前述の、置き薬の仕組みとほとんど同じ。

解説

例えば、コンビニのレジ横に置いてある小さなお菓子を何度も目にしているうち、ついに買ってしまう、そんな経験はありませんか？

今までそれに対する関心がほとんどなかったにもかかわらず、何度も繰り返し見聞きしたりするだけで、次第に親近感が湧いてきてしまう、という心理を活用し、手に取らせ購入させてしまうという方法です。

これは人間関係も然り。毎週やって来る営業の人がいたとして、最初は相手にしていなくても、何度か会ううちに親近感を持ち、いつしか「何か買ってあげよう」という気になってしまう……親近感という感情はバカにできません。

ベースにある理論

▼ザイアンス効果

何度も繰り返し接触させられることによって、それに対する警戒心が薄れ、次第に親近感を持ち始める傾向のこと。

本アプローチでは、ターゲット顧客がいる場所に、商品／サービスを物理的に近づけ親近感を与え、購入したい気持ちを生み出すことを狙います。

適用条件

▼ターゲットの動線上に、売り場として使われていない場所があること

まず、その商品／サービスのターゲットを明確化し、ターゲットの生活動線を棚卸ししてみます。日々のルーティンの中で通る／滞在する場所、ルーティン以外でもよく行く場所などを想像し、目に付きやすく、そしてその場で買うことのできる「場所」とはどこでしょうか。もちろん、顧客にとって、通常の購買接点よりも近いことが必要です。

このアプローチは、自分たちだけでは完結できない、新チャネル開拓施策とも言え、数ある切り口の中でもやや難易度の高いアプローチと言えます。

活用イメージ

▼テーマ：高級クレジットカードの会員を増やしたい

あるクレジットカード会社が、プラチナクラスの高級カードを発行しました。しかし当該クラスは、一種のステータスシンボルとして、競合の外資クレジットカードが非常に強く、プレゼンスを発揮しています。材質は金属製で重量感があり、デザインもシンプルでスタイリッシュ。サービスの評価も高いものの、ほとんどの人がすでにメインカードを持っている中で、普通にプロモーションしてニーズを創出することは困難です。売りはそのデザイン。それに触れてくれさえしたら、印象は変わりそうです。さてどうすればよいでしょうか？

▼活用例

クレジットカードを選ぶ際、候補を並べて、それぞれのメリットと自分の使い方を照らし合わせて吟味するという人も中にはいますが、少数派でしょう。何かの外的なきっかけがあり、選んだという人がほとんど。このカードの特徴を踏まえると、その「きっかけ」をつくるためには、本アプローチがマッチしていそうです。

ターゲットは、プラチナクラスのカードを持つ余裕のある人たち。そんな人たちが集まる場所とはどこか？ 一つは、一流企業のオフィスですが、そこで販売（申し込み）までできるかと言えば難しい。そうすると、アフター5の時間しかありません。

例えば、都内の高級レストランや、接待で使うようなお店などで、美しい什器に、そのカードのサンプルをディスプレイしておくとか。それで実際に触ってもらう。最初は無視でも、何度か見るうちに、一度は触ってみようとなるはず。興味を持ったら、店で仮の申込書を書いてもらう。当然、そのお店にインセンティブがあると、工夫して一生懸命奨めようとしますよね。

COLUMN 03

ある家電量販店にいた、PCのセールスパーソン

ある日、家電量販店のPCのコーナーをふらっと訪れた時のエピソード。特に買い換えニーズもなかったので、冷やかし半分で入ったところに、一人のセールス担当者が付いてくれました。たまたま目に留まったPCについて一通り説明をしてくれて、いいなーと思ったのですが、もちろんすぐに買う予定はなかったので立ち去ろうとしたその時、彼は私を呼び止めて、こんなトークを繰り出してきました。

「今お使いになっているPCは何年目ですか?」「(私)まあ3年くらいですかね」「結構長いですね」「ほっといてください」「ちなみに、最近のPCは、基本的に2年で買い換えるのがセオリーなんですよ」「そうなの?」「そうです。高性能である一方、負荷も大きいので、2年を超えて使っていると、当然突然故障する可能性が高まります」「えええ」「そうです。いざ故障してしまうとデータが取り出せないという、ビジネスパーソンにとって大変な状況につながります」「えええ」「そして、この辺りにお勤めの方は、そういう理由で、2年で買い換えられる方が多いですよ」

このトークの後、私はそのPCを買っちゃいました。明確に「PCは2年で買い替えるもの」と区切られて、そこに節目需要が生まれた感じがします。そして、「やっぱり今買わなければいけないな、データが取り出せなくなったら大変だもんなー」という、自分を納得させるための「いい言い訳」まで提供されて、一気に気持ちが動いてしまいました。店頭に来る人なんて、まあほとんどが冷やかし。そんな人たちには、ただ商品の魅力を伝えるだけではなく、「ニーズを生み出す」工夫が必要ですよね。勉強させてもらいました!

魅力的なものに見せるための5つの切り口

認知を獲得し、ニーズを喚起した後のアクションです。ニーズを感じているにもかかわらず、まだ購買に至らないとするならば、競合となる商品／サービスが存在したり、まだ自分の気持ちに充分な自信がなかったりする、という状況です。そんな時には、もう一発背中を押す何かが必要です。前述の「現状維持バイアス」による先送り心理は、購買プロセスの至る所で発生します。

ここでは、本書の趣旨的に、商品／サービスの差別性を真正面から伝えるという方法ではなく、仮に本質的な部分で大きな違いがなくても、「より魅力的なように」見せるという方法をお伝えします。成熟化した市場で、それぞれの違いが見えにくくなっている中で、正面突破型の方法論だけを前提にすることは、現実的ではありませんしね。

13 とにかくNo.1

多くの顧客から人気を集めている状態を、わかりやすく可視化することで、それを選ぶことへの安心感を抱かせる方法

事例

▼後発の携帯電話キャリア

携帯電話キャリア事業に後発で参入。当初、電波のつながりやすさなどの評価で、芳しくない状況が続いていた。そのイメージを払拭するべく、様々なジャンルを切り取って「〇〇においてNo．1」と訴求。その結果、各タッチポイントで目にする「No．1」という数字のインパクトが、ネガティブなイメージを打ち消し、メジャー感を醸し出すことに寄与した。

▼後発のコスメブランド

百花繚乱のコスメ市場において、後発ブランドがポジションを獲得することは至難の業。当該業界に進出したある企業は、セオリーである商品や情緒訴求ではなく、コスメ関連メディアにお

けるランキング上位の事実のみを徹底的に訴求。これでもかと並ぶ「No．1」という事実が、さらに事実を呼び、信頼できるブランドというイメージが形成された。

解説

膨大な情報が溢れる昨今、生活者が一つ一つの商品／サービスに関する情報を詳しく調べ、信憑性を確認するという時間は取れません。そんな状況でも、誰もがパッと使える、便利な評価基準とは、「何が一番評価されているか／売れているか」というものです。

しかし、それが誰を対象に、どのように調査したものかを確認する人は、ほとんどいないでしょう。

そもそも、「No．1」という数字だけで、何の評価かきちんと見ない場合すらあります。皆さまの肌感覚としてはいかがでしょうか？　それが購買行動として正しいか否かはさておき、生活者とはそういうものだと捉え、逆にその心理を活用することを考えましょう。

ベースにある理論

▼バンドワゴン効果

人気を多く集めていることがわかると、元々関心がなかったにもかかわらず、興味を示してしまう傾向のこと。

本アプローチでは、とにかく何らかのジャンルで「Ｎｏ．１」という順位を取り、多くの生活者から評価されている印象を与えることを狙います。

▼ハロー効果

ある「目立つ特徴」に引きずられ、それだけで評価がポジティブ（ネガティブ）に振れてしまう傾向のこと。

本アプローチでは、「あるジャンルについてＮｏ．１」というシンボリックな情報を通じて、全体としての印象をもポジティブに変えることを狙います。

適用条件

▼とにかく何かの切り口で、Ｎｏ．１などと実績を打ち出せる要素があること

売上やシェアなどの業績指標でなくても構いません。何かの「伸び率」や、生活者に対する調査結果でもＯＫです。どのようなアングルで切り取るとよいか、色々な側面で検討してみてください。

ただし、あまりにも客観性を欠いたデータ（サンプルの偏りや、自社に有利となる調査方法など）であると、景品表示法に引っかかる可能性がありますので、充分に注意してください。

活用イメージ

▼テーマ：イオン技術を使った「新しい歯ブラシ」を売り出したい

イオン技術を活用した、非常に洗浄性能に優れた歯ブラシを開発しました。価格はドラッグストアに並んでいる他商品と大きく変わりません。一見して、それらとの違いがあまり伝わらないのも事実。この歯ブラシの魅力を伝えるために、どのような方法があるでしょうか？

▼活用例

このカテゴリーにおいては、「歯科衛生士が認める歯ブラシＮｏ．１」など、権威付け的な手法はよく使われていますので、同じような方法では訴求力に欠けます。この歯ブラシには、他よりも歯垢が落ちやすいという特徴があります。それを踏まえた時に、どのようなアングルで切り取ると「Ｎｏ．１」になれそうでしょうか？

例えば、中立的な調査機関を使い、「磨いた後のすっきり感」についてのブラインド調査を行うのはいかがでしょう？　１週間ごとに、決まった時間に、決まった方法である歯ブラシを使ってもらい、磨いた後のすっきり感を評価してもらう。それを数パターン試してもらうとか。これは一例であり、できるだけ目的に沿った、公平かつ適切な方法の検討が必要です。

やや面倒で時間もかかりますが、もし調査の結果、「評価Ｎｏ．１」となれば、それをセールスポイントとして打ち出すと相当なインパクトになります。

14 レア感の醸成

その商品／サービスを入手しにくい状況をつくり出すことで、「レアなもの＝価値のあるもの」と認識させ、より欲しい気持ちにさせる方法

事例

▼音楽ストリーミングサービス

アプリをダウンロードしたユーザーは、「招待コード」が届くまで、利用を開始できないルールとした。運営面での諸事情があった可能性もあるが、結果的に、利用開始までの待ち時間でじらすことで、「希少性」を伝え、価値の高いものという認識を刷り込んだ。それとともに「折角入手したレアなもの」という気持ちにさせ、離脱を防ぐ効果も生まれた。

▼高級食パン店

高級な材料を使った食パン店。他の道府県に出店しても、東京だけは最後まで出店せず、「東京だけが知らないパン」として情報が広まった。そんな「レア感」によって、東京に多くいる、食への興味関心の高い生活者の期待値を高めることにつながり、ついに都内に出店された際、瞬く間にブームとなった。

解説

コンビニで販売されている、ある商品の人気が出すぎて、店頭からなくなり、次の出荷まで数週間かかる……という記事を目にすることがあります。そういう情報を耳にすると、否が応でも関心を持ってしまい、それはきっと魅力的なものなのだろうな、と思えてきます。

原理としては「13 とにかくNo．1」と同じです。また、そうやって入手できたものは、そこに至るまでに費やしたコスト（サンクコスト）を意識し、手放したくないという気持ちが生まれます。そういう意味で、本アプローチは離脱防止の効果にもつながります。

ベースにある理論

▼希少性の法則

いつでもどこでも手に入るものよりも、入手しにくいものこそ価値が高い、と考えてしまう傾向のこと。

本アプローチは、そのような「レアな状況」を、何らかの必然性のもと効果的につくり出すことによって、実態以上に魅力的に思わせることを狙います。

▼保有効果

自分が保有しているものの価値を、通常以上に高く評価し、手放したくないと考えてしまう傾向のこと。

「希少で価値のあるもの」と併せて認識させることで、さらに保有効果が強化されることになる。

適用条件

▼必然性のある「希少になる理由」を設けられること

「希少性を訴求する」といっても、単なる供給数の絞り込み、出し惜しみでしかないと、逆に生活者に反感を抱かれてしまいます。

「やむなく希少となる（ように思える）」、という必然性を感じてもらえるような理由を検討することが必要です。もちろん、事実としてそうあることが望ましいのは言うまでもありません。

活用イメージ

▼テーマ：「あるアパレルブランドのＥＣ」を活性化したい

あるアパレルブランドが、ＥＣサイトを運営。アイテムの豊富な品揃えも相俟って、サイトへの来店数はそれなりにあり、購入された方からの商品評価も非常に高いのですが、サイト来店者の「購入率」が低いというのが一つの悩み。みんなぶらっと見に来て帰ってしまいます。どうしたらいいでしょうか？

▼活用例

「豊富に品が揃っているそのサイトに行けば、いつでも好きなものを買える」という状況は、生活者にとっては大きなメリットかもしれませんが、逆に「いつでも買えるから今買わなくてもいい」という、先送りの意識を生み出してしまうことにもなりかねません。

ですので、各商品、サイトへの毎回の品出しロットを大量にせず、残り僅かになったら、残り点数を表示させる、というオペレーションで、常に希少性を感じさせるという方法はいかがでしょうか（ちなみに、私がTシャツをよく買うサイトがあるのですが、まさにこの方法にハメられている気がします。そのサイトはちょっと欠品しすぎですけどね）。

ただ一方で、「売り切れ」となる回数が増えることによって、売り逃し、つまり「機会損失」が発生するのではないかという心配もきっとあるでしょう。それを回避するために、売り切れ商品でも、ユーザーが登録さえしておけば、再入荷の際に必ず連絡がいく仕組みを設ける、ということでカバーできるかと思います。すでにそのような運用をしているサイトも多くあります。

15 優良なる未知のもの

今まであまり耳にしたことのないような表現で機能や成分などを訴求し、「何となく優良そうな雰囲気」を感じさせる方法

事例

▼缶コーヒー

そもそも大きな差別化が難しい当該商品群においては、各社「○○ドリップ方式」「△△焙煎方式」など、様々な製法をアピールすることが多い。その製法によって生み出されるテイストを、顧客が実際に認識して選んでいる、というよりも、その聞き慣れない「言葉の響き」が「魅力」となって、選択につながっている可能性が高い。

▼新しいシャンプー

ある時「ノンシリコン」を特徴とするシャンプーがリリースされ、話題とともに市場を席巻。実はシリコン自体は髪に悪い訳では決してないし、それがダメとも言っていないにもかかわらず、「シリコン配合＝何となく髪に良くない」という連想を自然とつくり上げ、他の大手メーカーが追随してくるまで、唯一のポジションを独占することに成功した。

解説

ＴＶＣＭを何気なく見ていると、その商品のアピールポイントとして、聞いたこともない「凄そうなネーミング」で、成分や機能が語られていることがよくあります。そんな時、大してそれを詳しく調べることもなく、「何だかわからないけど、きっと凄いんだろうな」と思ってしまうことはありませんか。

もちろん、しっかりＣＭを展開しているようなものなので、実際にいいものだとは思いますが、総じて面倒くさがりである生活者は、「何となく凄そうな語感」だけで、勝手にポジティブな連想を拡げてしまうことがあるのです。

ベースにある理論

▼ジンクピリチオン効果

聞いたことのない、凄そうな言葉の響きだけで、「何となく良さそう」と短絡的に判断してしまう傾向のこと。

本アプローチは、まさにこの心理を活用した典型的な手法と言えます。

適用条件

▼何か特徴的な機能／成分／手法が、要素としてあること

タイトルの通り、適用条件としては結構ハードルが低いので、きっと多くの商品／サービスが対象となるでしょう。その要素が、本当にイノベーティブであり、他社にはない独自のものであればそれに越したことはありませんが、仮にそうでなくても、何らかのポジティブな便益があるならば、「言い切ってしまう」ということもアリでしょう。

このアプローチを効果的に活用するためには、そのネーミングの「語感」が全て、といっても過言ではありません。その要素を効果的にアピールするために、場合によっては、元々あった正式名称を変更するということも視野に入れるべきでしょう。

活用イメージ

▼テーマ：中堅のハウスメーカー。何とかして差別化したい

注文住宅を作る中堅ハウスメーカー。市場には競合企業がひしめきあっており、機能面では各社大きな違いも出せなくなっています。このままいけば、価格競争に巻き込まれながら、シェアを少しずつ減らす状況になりかねません。

そのような厳しい環境下で、いかにして魅力度を高め、選ばれる存在になっていけばよいのか考える必要性に迫られています。

▼活用例

機能的な部分で、他社と全く遜色ないレベルにあるものの、「純粋な差別性」を打ち出すことが難しい、という状況に置かれている企業は多いと思います。そんな時にこそ、本アプローチを使って、「違いがあるような印象」を上手く打ち出す方法を検討しましょう。

例えば、そのハウスメーカーが採用している、ある優れた工法があるとします。その工法は、自社だけでなく、複数の他社も採用していることもあり、今までそれにフォーカスすることはありませんでした。

あえてそこに着目してみます。仮に業界ではスタンダードな方法であったとしても、当該工法に、一応少しだけ自社ならではの工夫を施し、何らかの「凄そうな名前」を付けます。そして、「われわれの家は『○○工法』で建てられています」と正々堂々とアピールするのです。

それに価値があることには間違いありませんし、何も問題ありません。同じ業界の方からは、そこまで違ったものであると認められないかもしれませんが、あくまで対象は生活者。そこまで専門的な領域に首を突っ込んで確認しようとする人は稀でしょう。

16 共感醸成ストーリー

商品／サービスの背景にある哲学やこだわり、経緯などを、「物語」としてエモーショナルに伝えることで、魅力度を高める方法

事例

▼加湿機能付き高級トースター

成熟化し、低価格化が進んでいる非常に難しいカテゴリー。単純な機能訴求では、何の興味も持たれない可能性がある中で、当該商品アイデアの着想に至った、経営者自身の体験談を、ストーリーとして押し出した。そのストーリー自体が関心を集め、様々なメディアにも取り上げられた結果、認知が広まり、他商品と比べて圧倒的な高価格にもかかわらず成功を収めた。

▼クロコダイルの長財布

元々、ハイブランドの下請けをしていた企業。SNS広告から誘導し、自社Webサイトにてストーリーを紹介。会社の歴史から始まり、製法へのこだわり、使用材料の品質などを、イラストや工房の写真などをふんだんに活用した「ストーリー」として訴求。メジャーな海外ブランドに匹敵する高価格にもかかわらず、多くのファンを獲得している。

解説

商品／サービスの機能やスペックなど、いわゆる「モノについての説明」だけでは、他にも似たようなものがありすぎて、何の興味も持たせられない可能性があります。

例えば、元々知っていたモノでも、それにまつわるストーリー(例：歴史、開発経緯や開発者のこだわりなど）を知ったりすると、最初の印象とは違って、魅力的に見えてくることはありませんか？　そういったストーリーには、人間的な感情が込められるので「共感」しやすいのです。

Ｆａｃｅｂｏｏｋなどでは、色々な無名の商品の広告が流れてきます。そこからＷｅｂサイトに飛んでみると、その多くが「ストーリー」を読ませる作りになっていることに気付きます。

無名のブランドであっても、ストーリーを訴求し、強い支持を集めるブランドが増えています。このようなブランドは、ＤＮＶＢ（Digitally Native Vertical Brand）と呼ばれ、１９８０年代から２０００年初頭に生まれた生活者に対し、Ｗｅｂを介してストーリーテリングの手法で商品の販売を行う、インターネット時代のブランドのあり方です。

ベースにある理論

▼プライミング効果

先に与えられた情報や印象が、無意識に後の行動や判断に対して影響をもたらしてしまう傾向のこと。

本アプローチでは、購入プロセスの最初に伝達される「ストーリー」を、ポジティブな判断を促すプライマーとして機能させることを狙います。

適用条件

▼提供側の「思い」が伝わる、何かしらの逸話や哲学があること

このアプローチを使うためには、ストーリーの構成要素となり得るものをいかに探すかということに尽きます。

構成要素を探す視点としては、ブランドの歴史、製法等へのこだわり、創業者や経営者の哲学、苦労話、意外に知られていない事実、自社調査データ、将来へのビジョンなどが挙げられます。提供側の思いが込められるものを選択しましょう。

活用イメージ

▼テーマ：無名だけど、質の高い紳士靴を買ってもらいたい

世間的には知名度がほとんどない、紳士靴のメーカー。今までは大手ブランドの下請け製造が事業の中心でしたが、突如として別の下請け会社に切り替えられるリスクを抱えている状態で、また単価も年々下がってきています。ここで一念発起。技術力を武器に、自分たちのオリジナルブランドを作って売り出すことに。でも、どうやって魅力を伝えればよいでしょうか？

▼活用例

モノのクオリティは折り紙付き。しかし今のところブランドの認知度はゼロに近い状態。「品質が良い紳士靴」といくら訴えても、そんなものは世の中に溢れています。

ここで本アプローチを活用してみます。ターゲットを絞り込めるSNS広告を活用し、そこからWebサイトに引きこんで「ストーリー」を伝えてみましょう。

なぜ、新しいブランドを立ち上げたのか、創業者は今までどのような志を抱き、靴作りに勤しんできたのか、創業から今に至る歴史の中で培ったノウハウ、素材の選び方、ディテールへのこだわりなど、エモーショナルなストーリーを通じて伝えるのです。

無名というハンデを超えるために、どれだけ熱いファンを抱えているかについての情報も添えてみてもいいでしょう。前述の「バンドワゴン効果」の活用です。

17 第三者レコメンド

自らではなく、信用力のある第三者から情報を伝えることによって、商品／サービスの信用力や魅力を高める方法

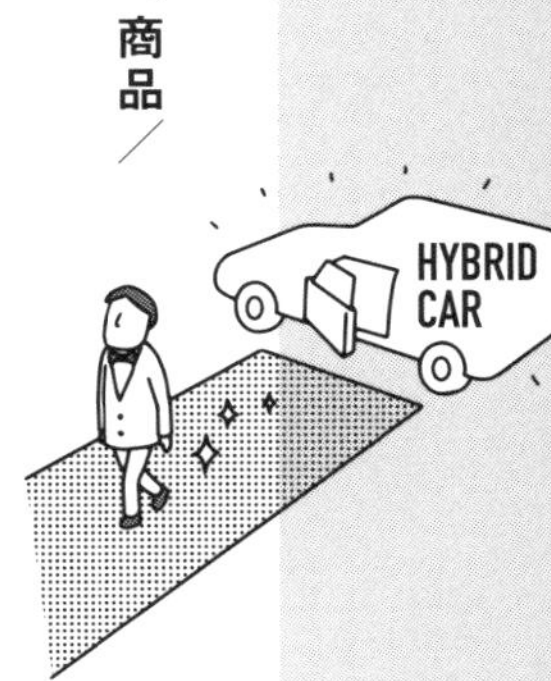

事例

▼健康にいいマットレス

本来のターゲットである一般生活者に売る前に、何人かの著名なアスリートにまず使用してもらい、それを選んだ理由や使用感、メリットなどを様々な接点で紹介。広告的なアプローチではあるが、アスリートという、「身体ケア」に関して最も敏感であり、アイテムを見る目がありそうな第三者からの推奨は、当該商品の魅力度を高めることに貢献した。

▼ハイブリッド自動車（黎明期）

「ハイブリッド」というジャンル自体が新しい時代に、あるハリウッドの映画俳優がその車でレッドカーペット前に乗り付けてくる、というプロモーションを実施。その結果、単なる省エネカーではなく、「環境意識の高いセレブリティも選ぶ車」というポジティブな連想が拡がり、ハイブリッドカーの地位確立に貢献した。

解説

例えば、今までその人のことを何とも思っていなかったけど、友達から「○○さんって素敵だよね」と聞いたことを機に、その人のことが気になり始める……そんなご経験はありませんか？これはビジネスでも同じです。

元々それに興味はなかったとしても、自分が知っている（できれば信用している）誰かが、その商品について高く評価したり、推薦したりする声を聞くと、一気に興味が湧いてくることがあります。この心理を活用し、第三者が推薦する情報をターゲットに届ける仕掛けをつくります。

ベースにある理論

▼ウィンザー効果

商品／サービスの提供者から直接アピールされるよりも、第三者から間接的にそれを聞くと、より強く信じてしまう傾向のこと。

本アプローチでは、信用できる第三者の「ポジティブな意見」を効果的に発信する仕掛けをつくり、魅力的に感じさせることを狙います。

適用条件

▼特になし。どんな商材でも幅広く活用できるアプローチ

当該アプローチの活用に、特に条件はありません。推奨者がいなかったとしても探してみましょう。人選のポイントは、商材の特徴を踏まえ、どんな立場の方がそれをレコメンドするとより説得力が増すか、ということに尽きます。

活用イメージ

▼テーマ：企業研修を拡販したいが、会社の認知がなくて信用されない

あなたは、ある教育系企業で、企業内研修プログラムをセールスする役割を担っています。研修プログラムの内容自体は悪くなく、採用してくださった企業の受講者や担当人事部からの評判も上々……しかし、まだ社名の認知度がないばかりに信憑性が伝わらず、特に保守的な企業は、なかなか新規で選んでくれません。このような段階においても、上手く信用力と魅力を高めるためには、どうしたらよいでしょうか？

▼活用例

企業内研修を探している人事部の担当者にとっては、聞いたことのない研修会社に多くの社員を委ねてしまうのはリスキーであり、また失敗した時の言い訳もできないので、結果として避けてしまいがちです。高いレベルの「信頼性」が伴わないと選んでくれません。そこで本アプローチを活用してみましょう。

まずは、研修を採用してくれた人事部の担当者に、本プログラムを採用して良かった点をインタビューします。そして、その様子を収めた動画やＷｅｂサイト上の記事を、営業活動時に必ず見せるということを地道にやり続けます。ＢｔｏＢ企業における、一種の定番的な施策であるとも言えます。特にオンラインでの営業活動であれば、セールスの流れの中で動画を挟み込むことに、段取り的な違和感はありません。

また、インタビューに協力してくれた方に喜んで頂けるよう、カメラマンがきちんと撮影し、デザインやレイアウトも素敵な雰囲気にまとめることで、それがまた、協力依頼をする時のツールになります。

COLUMN 04

「ジンクピリチオン効果」の最強事例と思うもの

ジンクピリチオン効果とは、聞いたことのない、凄そうな言葉の響きだけで、「何となく良さそう」と短絡的に判断してしまう傾向のことです。私はある家電メーカーが過去に展開したコミュニケーションが、史上最強の「ジンクピリチオン効果」活用事例だと考えています。

その家電メーカーは2004年くらいから、液晶テレビに、その工場が立地する地名を使った「世界の〇〇モデル」というキャッチコピーを使い始めました。食品メーカーが産地と紐付けたコミュニケーションを展開することはあるのですが、別に気候も土壌も関係ない、工業製品をつくるメーカーが同じことをやって、優良イメージを生むことに成功させたという成功事例です。この大胆不敵な戦略は一体誰が考えたのでしょうか。GOサインを出したTOPも素敵です（ウチの母親なんか、その「世界の〇〇モデル」というシールを気に入ってずっとテレビに貼り続けていました）。

もちろん、大々的に展開したTVCMも寄与したのでしょうが、その〇〇という地名を正々堂々と言い切ったことが良かった。失礼ですが、その場所はそれまであまり全国的に知られている訳ではなく、逆にそれが「神秘性」を醸成し、優良イメージを自由に拡げやすかったのではと思われます。「世界の高槻製」とか、「至高の八王子モデル」とか言われても、何となく知っていてイメージもあるので、ジンクピリチオン効果は発揮されにくいでしょう。

当時、「やっぱりテレビは世界の〇〇製だよなー」と言って購入した人の中で、その〇〇という場所や、そこにある工場の「何が凄いか」について調べた人は、果たしてどの程度いたのでしょうか。

購入ストレスを低減するための4つの切り口

それに対するニーズが生まれ、他にはない魅力も感じ、いよいよ購入まであと一歩のところまで来たとしても、最後のそれを手に取るところで何らかのストレスが生じ、結果ドロップ（購入に至らない）してしまった……こんなことはよくあります。

今や、多くのサービスが「顧客目線」に基づき、できるだけシンプルに、そしてわかりやすく購入に導くべく導線が設計されています。生活者はそのような親切な設計に慣れてしまっているので、ほんの少しのことでストレスに感じてしまい、それを理由にドロップしかねません。そんな生活者の目線で、購入プロセスをもう一度冷静に眺めてみましょう。

18 購入リスクがゼロ

購入して失敗するリスクを感じて躊躇させないために、購入後、意に沿わなかった場合の「全額返金保証」を提示する方法

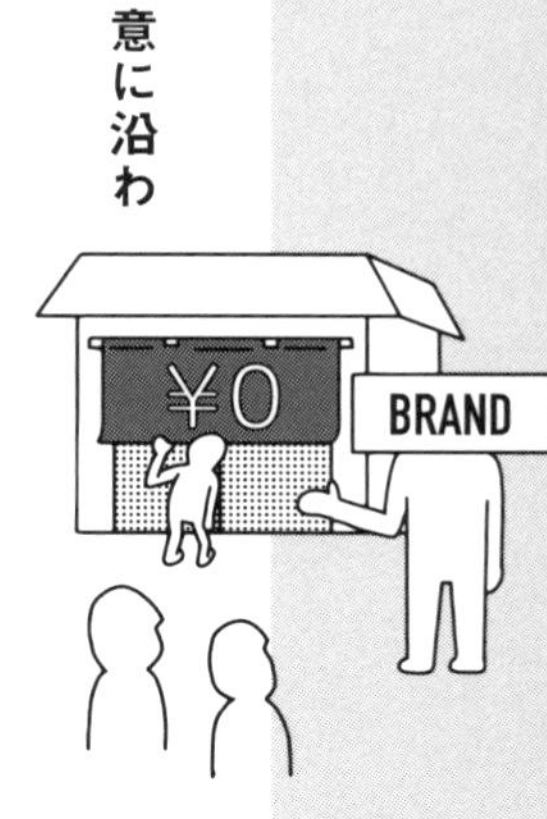

事例

▼プログラミングスクール

プログラム受講終了から3ヶ月以内に就職できなかった場合、受講料を全て返金する制度を導入。特に初心者は、高額な受講費用を支払ったとしても、本当に結果（スキルを活かした就職）を得られるかどうか不安を抱く。この施策が心理的なハードルを下げることに寄与し、未経験者を大量に獲得することにつながった。

▼パーソナルトレーニングジム

約3ヶ月のパーソナルトレーニングと食事指導で、成果が出なければ全額返金（スタートから30日以内）するという、業界では画期的な仕組みを導入。会員のトレーニング前後の姿を比較して見せるＴＶＣＭの効果も相俟って、一気にユーザー数を増やした。

解説

購入ハードルを下げるために、最初に「全額返金保証」を謳ってしまうという、有名な「リスク・リバーサル」という手法です。米国の経営コンサルタント、ジェイ・エイブラハム氏が積極的に推奨しています。

これを導入するには勇気が必要かもしれませんが、導入コストと得られるメリットを比べると、（もちろんケースにはよりますが）メリットが上回るケースが多いとされ、適用条件に合致すれば、検討してみる価値はあります。手法としての知名度の一方、実施例が周りに多く見られないのは、逆に自社としての「損失回避性」が働いてしまうからなのかもしれません。

ベースにある理論

▼損失回避性

得をすることよりも、損をすること、リスクにさらされることについて、過大に反応してしまう傾向のこと。

本アプローチでは、得られる価値が充分にわからないまま、高額な支払いをするというリスク意識を、極力低減することを狙います。

適用条件

▼実際に使ってみて初めて、高い価値が伝わるものであること

金額に見合った価値があるかどうかわからない……そのような理由で、購入を躊躇していた人を取り込むことが本アプローチの目的です。ゆえに、そもそも得られる価値が容易に想像できるような商品／サービスには不向きです。また、限界利益率が低いものは、返金で失った利益を取り返すために数を売らなければいけないので難易度も必然的に高まります。

ターゲット属性的な問題などで、悪用の危険性が高いと想定される場合はやめるべきです。支払いタイミング、返金期限、方法などを工夫し、正しく運用できる方法を考えましょう。

活用イメージ

▼テーマ：「幼児教育スクール」の入会者を増やしたい

小学校の受験合格を目標とする幼児教育スクール。スクールとして提供するカリキュラムには自信があり、保護者からの反応も悪くないのですが、月謝がそれほどお安くもなく、また設立から間もないため、わかりやすい実績もありません。そんな理由もあり、なかなか入会に踏み切ってもらえません。どうすればよいでしょうか？

▼活用例

魅力は何となく伝わっており、購入の一歩手前まではくるものの、価格の高さが引っかかり、なかなか決定にまでは至らない……こんな状況こそ、当該手法を使います。

例えば最初の1ヶ月、もし保護者やお子様が気に入らなければ、無条件で全額の返金保証を付けるという方法はいかがでしょうか。1ヶ月も体験すれば、そのスクールが提供するプログラムの価値は充分伝わるはずです。

そして、ここには別の勝算もあります。お子様がスクールに通うと、きっと友達ができますし、楽しい場であればずっとそこにいたくなるでしょう。返金保証云々というのは大人の事情であり、お子様はそこにいたければ、無邪気にここに通いたいとお願いするでしょう。

ですのでスクール側にとっては、この最初の1ヶ月が勝負。色々なプログラムがある中でも、エントリーの初月は、とにかく楽しく、そしてそこに通うお子様同士をしっかりくっつけることに注力するべきでしょう。

それは別にセールスだけを考えているのではありません。楽しいと思えること、そこに仲間がいることは学びを促進するためにも非常に重要なことですから。

19 選択肢の絞り込み

選択肢をあえて限定することで、意思決定にかかるストレスを軽減し、「選ぶ」ことよりも「購入する」ことに集中させる方法

事例

▼スマホの端末メーカー

新シリーズが出るたびに、旧シリーズをまとめて廃盤にすることで、絞られた商品ラインナップの中から、常にシンプルに選べる状況をつくり出している。また、シリーズにわかりやすいナンバー／記号を振り、それを意識させるプロモーションを行うことで、「進化感」を効果的に表し、購買意欲を喚起している。

▼アパレルの通販サイト

期間限定で、特定ブランドごとにセールを行うＥＣサイト（フラッシュセールサイト）。取り扱うブランドや、その中の商品を絞り、一つ一つを魅力的に演出することで、他との選択で迷わせるのではなく、「それを購入するかどうか」に集中させている。また、一定期間でそのセールが終わることを告知することで、先送りも防いでいる。

解説

「生活者は常に合理的」という前提に立つと、提示される選択肢が多ければ多いほど、自分に適したものが選択できる可能性が高まり、より購入したくなる……はずですが、必ずしもそうはなりません。

選択肢が豊富にあっても、どれが自分にとって最適かを判断できるスキルがなければ、混乱とストレスを生じさせ、購入自体を回避したい気持ちにさせてしまいます。商品／サービスの特性と、顧客の判断能力を加味し、現実的に混乱なく選べる範囲で選択肢の数を決めましょう。

ベースにある理論

▼決定回避の法則

選択肢が多くなりすぎると、選択に伴うストレスを感じ始め、結果として決定を回避してしまう傾向のこと。

本アプローチは、この心理を活用し、選択肢の数を意図的に絞り、ストレスを与えず選ばせることを狙います。

適用条件

▼ラインナップとして、それぞれの選択肢の違いが判別しにくいこと

豊富にラインナップされている、それぞれの商品について、それぞれの差が判別しにくいと、多すぎる選択肢が裏目に出てしまう恐れがあります。こういう場合、思い切って点数の絞り込みをするか、あるいはレコメンドとして、いくつかをクローズアップするか、どちらかを検討するべきでしょう。

とはいえ、闇雲に数を減らしたとしても、逆に「ニーズにフィットするものがない」となる恐れもあります。ＥＣサイトであれば、例えば直帰率（全体の訪問のうち、何%が1ページしか見なかったか）と、訪問者一人当たりの売上高を見てバランスを整えるなど、ラインナップ数を最適なバランスに近づけていく運用上の工夫が必要です。

活用イメージ

▼テーマ：「オーダーメイドスーツ」を、もっと買いやすくしたい

今流行りのオーダーメイドスーツ。今まてよりもカジュアルに、そして安価につくれるということで人気を集め、店舗には多くのお客様が来店しています。しかし、多くいらっしゃる初めて

のお客様にとっては、膨大な種類のある生地や、沢山のデザインからオーダーする作業がいかにも大変そうな雰囲気……。その結果、接客にも時間がかかっています。オーダーメイドの価値は維持しつつ、どのようにすればよいでしょうか？

▼**活用例**

何度かオーダーメイドのスーツの購入経験があり、生地やデザインについての知識や、自分なりの好みをわかっている人にとっては、生地とデザインを組み合わせてつくる作業は非常に楽しいでしょう。しかし、今まで経験のない人にとって、膨大な選択肢から自分に合ったものを組み合わせるというのは至難の業です。

ひょっとすると、興味はあるものの、膨大な種類の中から選ぶという「大変そうな感じ」が、マジョリティを遠ざけてしまっている可能性もあります。

こんな時にこそ本アプローチを適用してみましょう。もちろん、オーダーメイドであることは不変ですが、ニューカマー向けに、その店舗が最もお奨めする生地やデザインを、5つ、6つくらいに絞り込み、まずはストレスなく「オーダーメイドスーツ」の世界に引きこんで差し上げる方法はいかがでしょうか。そして次からは、最初につくったそれをベースに、少しずつカスタマイズの提案を差し込んでいけばよいのです。つまり、顧客のリテラシーによって選択肢の数を調整していく方法です。

20 面倒ごとの先送り

購入に伴う労力や経済的負担を、ひとまず発生させずに先送りし、入り口のハードルを下げて購入を促進する方法

事例

▼アパレルのＥＣサイト

購入時に支払いは発生せず、手数料を支払うと、商品注文後2ヶ月まで支払いを猶予してくれるサービス。計算すると、実はトータルで発生する手数料の率はかなり高いにもかかわらず、購入時の「支払い」という（当たり前の）ストレスを発生させることなく、欲しいものがすぐに手に入ることから、多くの若者の支持を得た。

▼各種金融サービス

クレジットカード等、各種金融サービスへの申し込みは、最終的には、数枚にわたる申込書への記入や、本人確認書類の手配、捺印など様々な手続きが必要となる。しかし多くの場合、最初の申し込みは、非常に簡単な手続きだけに留めているので、そこまで大きなストレスは感じない。そして、入会した気持ちになった後に、正式な申込書類が大量にやってくる……。

解説

生活者は、将来やってくる利益や損失を、過小に評価してしまう心理があり、ついつい目先の損得だけで判断してしまいがちです。この方法は、購入の妨げとなり得る、支払いや手続きに伴うストレスを、思い切って先送りしてしまうアプローチです。

実際に面倒ごとがなくなる訳ではないのですが、今より先にやってくるものに対して過小評価してしまうので、目の前にある「今は払わなくていい」「今は簡単な手続きだけでOK」という甘い言葉につられ、思わず購入や申し込みをしてしまうのです。

ベースにある理論

▼現在志向バイアス

「目の前の欲望」を充足することの価値を過大に評価し、逆に将来の利益や損失の可能性を過小評価してしまう傾向のこと。

本アプローチは、特に「将来の損失（労力）」を過小評価する傾向を使い、それを先送りし、現在得られる便益に気持ちを集中させることを狙います。

適用条件

▼購入や申し込み時に、経済的／手間的なストレスが生じていること

購入を決定する手前の段階で、離脱の原因につながるような、割と大きめの「面倒ごと」が生じているなら、この方法を検討してみる価値はあります。

面倒ごとの種類には、経済的ストレス、労力的ストレス、時間的ストレスなどがあります。まずは、その商品／サービスの購入までのプロセスを細分化し、どこにストレスがかかっているかを確認し、その中で、部分的でも「先送り」できるものがあれば、その方法について検討してみましょう。

活用イメージ

▼テーマ：高級家具の垣根を下げて、もっと多くの方に選んでもらいたい

マンションを購入したり、家を建てたりした時に、欲しくなるのは高級家具です。しかし、まとめると、トータルでかなり高額になり、尻込みして購入に至らないこともしばしば。長く使うものだからこそいいものを、ということはわかるが、イニシャルコストの大きさがそのハードルになっています。どうすればいいでしょうか。

自宅にあれだけお金をかけたのに、費用的にはその一部に他ならない家具の購入で尻込みするという心理は、まさに「参照点依存性」（その価値を、絶対水準ではなく、自分が設定した基準をもとに判断する傾向）です。

▼活用例

そういう心理はさておき、いずれにしても、「経済的なストレス」を少しでも緩和する工夫が必要でしょう。そうなると、普通は「リース型販売」「残価設定ローン」などという施策につながります。もちろんそれらも有効な方法ですが、それ以外にどんな方法があるでしょうか。

例えば36万円のソファセットがあるとしましょう。3年間36回払い金利なしなら、一月1万円となります。これを月々3000円くらいにして、残りの25万＋手数料（保証料等込み）を3年後にまとめて支払う、もしくはそこから再ローンを組む、という方法などはいかがでしょうか。現在志向バイアスをフル活用した方法です。

この方法には、もう一つの切り口が含まれています。引っ越ししてからしばらくの期間は、何かと物入りな時期です。ですので、その状況を使って、「大切な時期、家具だけにコストをかけなくても済むようなプランです」と大義名分を語るのです。それは前述の「9 いい言い訳の提供」というアプローチを活用しています。特に、高額な商品については、何かしら自分を納得させるような材料を提供することが重要となります（あくまでシミュレーションなので、法的な制約等々についてはご確認ください）。

21 相対的に選ばせる

単一ではなく、あえて比較対象となる3つ前後の選択肢を提示し、相対的な関係をつくることで、合理的に選んでいる感覚を持たせる方法

松
竹
梅

事例

▼レストランのコースメニュー

お値段順に、Aコース、Bコース、Cコースとあり、真ん中のBコースの値段がCコース（最廉価コース）の値段に寄って設定されている。そうすると、Bコースは中間なのに、最廉価コースに近い、つまり「お値打ち感」が出て、多くが「Bコース」を選択するという、行動経済学の古典的なアプローチ。

▼マヨネーズのラインナップ

あるマヨネーズのブランドは、オリジナル（フルカロリー）、カロリー50％、カロリー80％カット、ノンカロリーと、カロリー量別にラインナップしている。世の中ローカロリー志向の中、あえてオリジナルを並べるのは、根強い人気に支えられていることももちろんあるが、他商品の「カロリーオフ感」を際立たせる役割も果たしていると考えられる。

解説

何かを選ぼうとする際に、それが価格に見合う価値のあるものか否か、絶対評価できるスキルがあれば別ですが、ほとんどのケースはそうではないでしょう。となると、判断のためのわかりやすい手がかりがないと、結果として選べず終わってしまう可能性があります。

その「わかりやすい判断材料」として、あえて比較の対象をいくつか設けるという方法です。それらの中で、最も経済合理性が高そうなものを選ぶことだけなら、絶対評価よりは容易でしょう。それが本当に価値あるものかを考えてもらうよりも、選択肢の中から選ぶモードになってもらい、提供側が意図した「落とし所の選択肢」を選んでいただくことを狙うのです。

ベースにある理論

▼おとり効果

明らかに選ばれる可能性が低い選択肢が加わることで、それに影響を受け、ある特定の選択肢を選んでしまう傾向のこと。

本アプローチは、まさにこの心理を活用した典型的な手法と言えます。

▼極端回避性

両端に位置付けられるものに対し、何となくそれを選ぶリスクを感じ、中庸にあるものを選択しようとする傾向のこと。

提示される選択肢が、本命を含めて3つあり、そして本命が真ん中にラインナップされるのであれば、この心理的効果が付与されます。

適用条件

▼商品／サービスの選択肢が単一であること。その価値の絶対評価が難しいこと

前述の、多すぎて選べない場合の「19 選択肢の絞り込み」という方法の逆になります。そもそも選択肢が単一であり、生活者による価値の絶対評価が難しい際に活用します。

ポイントとしては、本当に選ばせたいものの上下に、どのような選択肢を追加できるかです。前述の例のように、金額の高低だけでなく、成分の多寡、効き目の強弱など、色々な「上下」の持たせ方が考えられます。

活用イメージ

▼テーマ：全く新しい技術を使ったオープンレンジを売りたい

成熟化が進んでいる家電カテゴリーにおいて、久しぶりに、斬新な技術（余計な油分が落ちる技術）を使った新商品を発売することになりました。

モニター調査における評価は上々。しかし生活者にとっては、その斬新な商品に対する「相場感」がわからないため、単純な価格の高さのみで躊躇している様子。この状況を突破するためにはどうすればよいでしょうか？

▼**活用例**

今まで市場になかった、新しい商品／サービスがリリースされた時に、それの価値と価格のバランスが掴めず、何となく興味はあるものの、結局選びきれない状況はよくあります。

そこで、このアプローチを活用してみます。セオリー通り、3つの選択肢を並べてみます。まずは、選んでもらいたい本命のグレードを、中間の価格に設定します。そして様々な付加的な機能を付けた高級グレードを上に、そして廉価版グレードを下に設定します。

本命の「中間グレード」の価格は、廉価版のグレードに寄せる、といいますか本命の価格は元々決まっているはずなので、廉価版の価格を本命に寄せるということになります。高級グレードは、それよりも距離を取って設定します。

そうすると、生活者は「その3つから選ぼう」というモードになりやすく、そして中間グレードのお得感を感じ、それが選択される可能性が高まっていきます。

COLUMN 05

マイナンバーの普及率はなぜ低いか

世の中に色々な意見のあるマイナンバーカード。普及率はまだまだ低く、2020年4月時点で16％という状況。なぜそうなっているのかについての私なりの仮説があります。

それは、「よし、マイナンバーカードつくるか」と重い腰を上げても、申請には過去に送られた書類が必要、ということでいったんはねられるから。それに尽きると考えます。

その書類とは「通知カード（2020年5月で廃止）」「個人番号通知書」なるものです。そんな書類、その時申請しなかった人がわざわざ保管している訳ないし、いつ送られてきたのか覚えている訳ない。少しでも人間的な視点で考えると容易に想像はつきます。生活者の面倒くさがり性向を甘く見てはいけない。

かくいう私もそれでした。便利らしいのでよしつくろう、と腰を上げた時「過去に送った通知カードが必要」とのこと。そんなもんある訳ないわ……と絶望。ダメもとでお役所様に泣きながら相談すると、「ウチで用意している紛失届書いて、申請書と身分証明書添えれば、また送りますよー」とのこと。当局のWebサイトなどで「通知カードの再発行はできません」とさんざん脅されていたので、「そんなもんで再発行できるんかーい」と拍子抜け（それでも面倒ですけど）。これでOKなら、何でオンデマンドにしないのだろう。

よく政府が言う「メリットが周知されていない」「個人情報の漏洩が懸念されている」という理由もあるかと思いますが、普通に考えて、まずは欲しいと思った人を逃がさない、「通知書を保有していること」が前提でない交付の仕組みが必要かと思います。

自然に継続させるための5つの切り口

これが最後のカテゴリーです。ひとまず購入してくれたとしても、それを継続して使ってくれる／購入し続けてくれることまでOKしてくれている訳ではありません。折角コストと労力をかけて購入してもらっても、一定の継続がなければ成立しないビジネスもあります。

だからといって有効なのは、継続インセンティブなどの金銭的な解決法だけではありません。それはむしろ有効であるがゆえ、最後の手段として取っておくべきです。

最初にやるべきこととは、心のスキを突くアプローチ、つまりユーザーがその仕掛けに乗せられていると気付くこともなく、自然に継続してくれる状態をつくることです。

22 「継続する状態」を最初から

商品／サービスの使い始めの段階で、「利用を継続しやすい／してしまう状態」をつくり、その流れで使い続けてもらう方法

事例

▼ＳＮＳサービス

当該ＳＮＳサービスに登録した初日に、5〜10人をフォローしたユーザーは、定着率が高いことがデータ分析から判明。その「利用を継続しやすい」勝ちパターンを、新規登録者全てに当てはめるべく、サービス登録と同時に、とにかく数名をフォローさせるための導線を構築し、定着率を高めることに成功した。グロースハックの古典的な事例。

▼シニア向け旅行代理店

ターゲットとなるシニア層顧客に対して、はなから「旅行パッケージ」を売るのではなく、まずは、「趣味に関する無料講座」に参加してもらうことにした。その講座を通じて、「共通の趣

味」を持つ友人ができると、必然的に「(その共通の趣味が楽しめる)旅行に一緒に行こう」となる。友人がいる限り、それが購買を促し続けることになる。

解説

どんなものでも、利用開始のタイミングは、よりよい利用方法があれば何でも知りたいと思う状態、つまり情報を受け入れやすい状態です。そんな「有利なタイミング」を活かし、提供側が自然に教え込む形で、「継続しやすいモード」を最初から仕立て上げる方法です。

ユーザーが「継続しやすい状態」は、きっと商品／サービスごとに何かあるはずです。ある使い方の促進、ある環境の構築支援、あるイメージの植え付けなど、いくつかの視点で検討してみましょう。

ベースにある理論

▼プライミング効果

先に与えられた情報や印象が、無意識に後の行動や判断に対して影響をもたらしてしまう傾向のこと。

本アプローチでは、「無意識に作用させる」ものとは言えませんが、最初の仕掛けによって、知らずに「継続利用のレール」に乗せるという点で近いとしました。

適用条件

▼継続利用（継続課金）型のサービスであること

継続利用型のサービスであれば、幅広く活用できるアプローチです。活用のポイントとしては、「現在継続して利用している人」は、どのような状態（使い方や環境、意識など）にあるか？ということを、しっかり分析すること。ここにヒントが隠れています。

大げさなデータ分析は必ずしも必要ではありません。「使い方」「環境」「意識」の3つを観察の切り口とし、最初につくる「あるべき状態」を検討しましょう。

もし、行動履歴がデータとしてあれば、それを分析するのもいいでしょう。しかし、目当ての情報が変数として取れているかどうかはわかりません。全てデータありきではなく、まずは観察し、解釈的に分析することから始めるべきでしょう。

活用イメージ

▼テーマ：「ワインバー」のリピーターを増やしたい

あなたは、最近ある街の一角に「ワインバー」をオープンしました。物珍しさもあり、最初は多くのお客様が来店してくれました。しかし、最近は徐々に客足が鈍り始めています。どうやら、思ったほどリピーターが付いていない様子。この状況を何とか打破したいと考えています。どうすればよいでしょうか？

▼活用例

ご承知の通り、飲食業というのはリピーターをいかに抱えるかが命です。特に、地元の住民をターゲットとしているならば、商圏の規模は限られているので、この取組みがより重要となります。このまま放っておくと、店舗的には厳しい状況に陥りかねません。だからといって、とにかく一生懸命サービスをすればいいというものでもありません。どこも同じようにやっているからです。

ここで本アプローチの導入を考えてみます。そもそも、ワインバーのような業界において、常連客の「よくある状態」とはどんなものでしょうか。一つは「お客様同士が仲良くなっている」という状態でしょう。そのような分析を踏まえ、店のスタッフがやるべきこととして「お客様同士をつないで、仲良くさせる」という取組みはいかがでしょうか？　お客様同士が自然に仲良くなるかというと、何かきっかけがないとなかなか難しいでしょう。それを店舗のスタッフがつないであげるのです。

これは、実際にあるワインバーが実施している施策で、私もその店に行ったことがあります。確かに、自然な感じで客同士が仲間になった記憶があります。

23 「一定期間の利用」が前提

サービス提供側が「〇〇回／〇〇日間使うべき」という、継続利用を前提とするルールをつくり、そこに最初から乗せてしまう方法

事例

▼複数個入りのヨーグルト

例えば、「14日間食べ続けよう」という期間を、その商品の食べ方のスタンダードとして提示。それがもたらす効果などの詳細理由よりも、とにかく「期間」を強く打ち出した。その結果、生活者に対して「何となくそれくらい続けなければ効果がなさそう」というイメージを持たせることにつながった。

▼フィットネスクラブ「100日チャレンジ」

100日間と期間が区切られたトレーニングプログラム。期間内で、段階を複数に分けて、それぞれに異なる運動目標とトレーニングメニューを提供するもの。100日＝約3ヶ月とは、ト

レーニング効果がまず見えるタイミングであり適切。期間内にドロップさせないように、定期的な体組成の測定やカウンセリングなど、飽きさせないような工夫も。

解説

その商品／サービスをどれくらい利用し続ければ効果的なのか。ユーザー側にそんな知識やイメージがあることの方が稀でしょう。もし提供側が「〇〇回／〇〇ヶ月の継続を推奨する」ということを、ユーザーに対して自信を持って打ち出せば、それが強力なアンカーとして作用し、「そうしないと効果がない」という気持ちを生み出せる可能性があります。

もちろん、それに何らかの裏付けがあればより良いでしょう。推奨期間が長期にわたる場合、途中でドロップさせないような工夫も併せて検討してください。

ベースにある理論

▼アンカリング効果

事前に与えられた情報や数値が「基準」となって、後の判断に影響をもたらしてしまう傾向のこと。

本アプローチでは、その商品／サービスを使って効果を出すための「理想的な期間」をアンカーとして打ち込むことによって、最初からその行動に乗せることを狙います。

適用条件

▼継続でメリットが生まれることが、ある程度合理的に説明できること

そのメリットについて、必ずしも第三者が証明したデータが必要な訳ではありませんが、ある程度その必然性を示すことができないと、嘘くさくなります。

あとは、どこまでの継続利用を「一単位」とすべきかも重要な論点です。いたずらに長すぎるものは「現在志向バイアス」が働き、忌避される恐れがあります。抵抗なく受け入れられる期間と、事業として求めたい成果のバランスを上手く取ることが必要です。

活用イメージ

▼テーマ：健康志向の電子タバコを売りたい

最近話題の「健康志向の電子タバコ」。これは、従来のタバコのように、カラダに有害とされる成分は含まれておらず、ある植物のオイルを蒸発させるもので、吸えばむしろ健康に貢献するというもの。ひとまず話題性で買う人は多いのですが、そこからどこまで習慣化させるかがポイントです。どうしたらよいでしょうか？

▼活用例

この商品は、タバコを吸った時の感覚にも近く、ヘビースモーカーが禁煙する時の一つの方法としても使われています。ただニコチンと違い、依存性のある成分が含まれていないため、普通のタバコのように吸えば習慣化するというものではありません。

ここで、「オイルの蒸気を吸うと健康効果がある」という商品特性を踏まえ、本アプローチを採用してみましょう。

例えば、「ユーザーの声として、何らかの変化を感じ始めるのは、毎日利用しておよそ1ヶ月目と言われている」と、とにかく「1ヶ月」という期間を記憶させるのです(表現については、薬事関係法令に触れないように気を付けましょう)。恐らく、それを聞いたユーザーの頭には「効果を出すために、とにかく1ヶ月は使わないといけない」と、継続モードがインプットされることでしょう。そうやって1ヶ月も使い続けると、さすがにそれを吸うことが、日常の習慣になり、ないと口さみしく落ち着かない感じになるでしょう。

また、期間設定については、ちょうどカートリッジを追加購入するタイミングくらいにするのも、継続購入を促すためにはいい方法でしょう。

24 こまめな達成感

簡単に達成できる「小さい目標」を設定し、達成感をこまめに抱かせることで、ゴールに向けて続けるモチベーションを維持させる方法

事例

▼スマートウォッチ向けの健康アプリ

アプリが指示するあるアクションを実施すると、円形のデザインが少しずつ完成に近づいていく。その状況をスマートウォッチでいつでも確認できる仕組み。そのアプリから、あるアクションを促されたり、新しいチャレンジが毎月提案されたりするなど、達成感をこまめに抱かせる工夫が施されている。

▼スマホゲーム

とりあえず、ゲーム内のチュートリアルに沿ってポチポチとボタンを押していくと、いつの間にか「ミッションクリア」となり、ゲーム内でのレベルが上がる。早い段階で「達成感」を抱か

せることで、ゲームが「先に進んだ感」を与えることができ、さらに続けてみようという気にさせている。

解説

ある商品／サービスを、何とか購入させたとしても、それをずっと買い続ける先に「目標」となるものがない、また、それがあったとしても、達成までの距離が遠すぎると、継続するモチベーションを低下させてしまう場合があります。この方法は、そのカウンターとして、「達成感」をこまめに抱かせ、継続するモチベーションを維持させる方法です。

最近は減ってきましたが、店舗で配られるスタンプカード。これに最初からスタンプが何個か押されていることがありますが、まさにそのような心理の喚起を狙ったものです。

ベースにある理論

▼エンダウド・プログレス効果

ゴールに向かって若干前進したと感じると、ゴールに向かっていくモチベーションが高まり、続けたくなる傾向のこと。

本アプローチでは、「小さな目標」を達成させ続けることで、継続する気持ちを維持させることを狙います。

適用条件

▼「小さな目標達成」を通知できる手段があること

こまめに達成感を抱かせるということは、こまめにそれを通知する手段を持たなくてはいけません。ですので、常時通知ができるWebサービスか、定期的な来店が前提の店舗型サービスでの適用を考えましょう。

上手く活用するには「段階の設定方法」も鍵になります。前述のスマホゲームのように、何となく自然に使っていてクリアできてしまうものでもいいのですが、達成感をより強く抱かせるためには、商品やターゲットの属性を踏まえ、少し頑張って、達成できるくらいの段階設定が望ましいでしょう。

活用イメージ

▼課題：「スイーツ専門店」のリピーターを増やしたい

都内に店を構える高級パティスリー。美味しさと見た目の美しさに定評があり、SNSの口コミを通じて多くの新規顧客がやってきます。

しかし、まあまあなお値段の高さもあり、一度は来店してくれるものの、なかなかリピーターが増えないのが目下の悩みです。どうすればよいでしょうか？

▼活用例

新規で来てくださったお客様の中から、とにかく一人でも多くリピーターが育ってほしい。そして、リピートしてくださる上得意のお客様が起点となって、また新しいお客様を連れてきてほしい……そんな理想的な構図をつくるために、このアプローチの適用を考えてみます。

とにかく、定期的に来店頂く理由をつくるために、専用アプリを使ったスタンプラリー企画などはいかがでしょうか。例えば、毎月1週目の土曜日にのみ、その月限りの特別商品を限定数発売する。そして専用のアプリでそのスイーツを撮影すると、一コマ埋まっていくというシンプルな仕組みです。

それに加え、3つ集まったタイミングで、特別の商品が買えるインビテーションが送られるとか、12個集めたら、店主催の限定イベントに参加できるなど、そんな仕掛けをすると、継続購入のインセンティブになるかもしれません。

これと似たようなことを、ある居酒屋チェーンが実施しています。来店するとスタンプが集まり、会社での役職を模した「ランク」が少しずつ上がっていくというもの。店員さんに聞くと、一生懸命スタンプを集めている方が沢山いるらしく、その効果に驚きました。

25

更新タイミング可視化

更新タイミングがわかりにくい商材で、「なくなった／使い終わった」ということを視覚的・聴覚的に認識させ、再購入を促す方法

事例

▼替え刃型の安全カミソリ

更新するタイミングがわかりにくく、何となく交換せず使い続けてしまいがちな安全カミソリ。その刃の周りに、肌に潤いを与えるジェルを付けた。使い続けると、一定期間でジェル部分がなくなる。そのジェルがなくなったタイミング＝刃を替えるタイミング、という認識が生まれ、定期的な買い換えを効果的に促進している。

▼電動シェーバーの洗浄液

電動シェーバーの使用後、洗浄する機材に使う専用の液体がある。洗浄液の状態は外からはわからず、ともすれば長く使い続けてしまいがち。取り替え時期がきたら、ランプが点灯して知らせてくれるところまでは普通だが、それが一定回数続くと本体自体が作動しなくなる。かなり強制的な方法だが、代替手段がないので取り替えざるを得ない。

解説

商品／サービスによっては、いつ再購入／更新すればよいのか、そのタイミングが明確でないものがあります。生活者は基本的に面倒くさがりなので、そのタイミングがわからないことを理由に、ついつい先送りしがちです。この状況を放置すると、ＬＴＶ（顧客生涯価値）が上がっていきません。

この心理を超えていくために、提供側から「今このタイミングが更新すべき時だ」というシグナルを、何らかの方法を通じて発信し、購入を促すという方法です。

ベースにある理論

▼アンカリング効果

事前に与えられた情報や数値が「基準」となって、後の判断に影響をもたらしてしまう傾向のこと。

本アプローチでは、提供側からアンカーとして提示された「更新タイミング」という情報をきっかけに、何の疑いもなく継続／更新を行わせてしまうことを狙います。

適用条件

▼再購入／更新のタイミングを掴みにくい商品

内容物が物理的になくなったり、継続使用に耐えられず使えなくなったりするものであれば、わざわざこのアプローチを採用する必要はありません。むしろ、放っておくとずっと使い続けてしまうような商品にこそマッチします。

前述のシェーバーの例のように、センサーなどを設置できる電化製品であれば比較的簡単に適用できます。むしろ、非電化製品での適用こそ知恵の見せどころです。

活用イメージ

▼テーマ：「男性用下着」の長すぎる利用期間を何とかしたい

通販を主体とする、男性用下着のメーカー。高品質／優れたデザインで人気のブランド。しかし、リピート購入までの周期が非常に長いことが課題。

調査をすると、気に入っているがゆえ、徐々にボロボロになっても気付かず穿き続けてくださるという結果が……。メーカーとしては何とも言えない状況。適切な周期で買い換えてもらうために、どうすればよいでしょうか？

▼活用例

それなりにいい値段の下着であれば、素材も縫製も良いので、普通に使っていれば、繊維が擦れて穴が空いたりすることはほとんどなく、結構長持ちします。そして繰り返し穿くものなので、劣化が進んでいることにもあまり気付きません。ユーザーにとっては、更新のタイミングを掴むことが意外に難しいのです(私自身の経験でもあります……)。こんな時にこそ、本アプローチを使い、更新タイミングを可視化する方法を考えてみましょう。

例えば、腰回りのゴム部分の内側に細工を施し、ゴムの劣化が一定レベルを超えると、交換時期がわかるシグナルが露出する、などの方法はいかがでしょう。

今のままでは、明らかにボロボロになっても、高単価ということもあり、捨てるのは何となくもったいないという罪悪感が買い換えのブレーキになりそうですが、ある小さなシグナルが見えたタイミングが推奨交換時期ですよ、と背中を押してあげると、「いい言い訳の提供」にもなり、安心して買い換えることができるようになるかもしれません。

26

続けないと損

途中で利用をやめると、今までそれに費やしてきた時間やお金が無駄になってしまう仕掛けを施し、続けないと損と思わせる方法

事例

▼音楽ストリーミングサービス

当該サービスで、自分だけのプレイリストを作成できる機能を提供。もし退会してしまうと、自身で作り上げてきたプレイリストを全て失ってしまうことになる。その作成に費やした時間的／金銭的コストを天秤にかけると、今やめてしまうのはもったいない、と感じさせ、継続を促している。

▼学習機能付き家庭用ロボット

ＡＩを搭載し、話せば話すほど言葉を覚えていく機能のある家庭用ロボット。会話をすればするほど、新しい言葉を覚えていく。色々なやりとりを重ね、少しずつでも会話が上達していくと、そこまでに費やした労力と、その中で生まれた愛着によって、どうしても手放せない存在になっていく。

解説

これから先に得られる効用を最大化しようと考える際に、論理的に考えると、過去それに関連して生じたコストの多寡は、本来考慮する必要はありません。もちろんそれは頭で理解していても、今までそれに費やしたコストが頭をもたげて「もったいない」という気になり、効用が得られない（あるいは損をする）と理解していても継続してしまう心理があります。

その心理を活用し、ユーザーが経済的、労力的なコストをかけて、気付いた時には「ここまで費やしたコストを無駄にしたくない」と思うことで、継続を促す方法です。この方法には、いったん保有したものに通常以上の価値を感じてしまう「保有効果」も加味されています。

ベースにある理論

▾サンクコスト効果

すでに支払い済みで戻ってこないコストに気をとられ、合理的な判断ができなくなり、さらに損失を拡大させてしまう傾向のこと。

本アプローチは、まさにこの心理を活用した典型的な手法と言えます。

▼保有効果

自分が保有しているものの価値を、通常以上に高く評価し、手放したくないと考えてしまう傾向のこと。

本アプローチでは、ユーザー自ら労力をかけて何らかの「保有物」を作らせることで、サンクコスト効果との相乗効果を発揮させることを狙います。

適用条件

▼ユーザーによるカスタマイズやアップデートが可能なものであること

特に、Webサービスやアプリであれば、機能的な設定だけで実現できるので、リアルな商品で行うよりも難易度は低いと言えます。カスタマイズは、あまり大きな負担や「特別な作業感」を抱かせず、商品/サービスを利用する中で自然に行われる仕組みを作るべきでしょう。さもなければ、その流れに乗る前に「面倒くささ」が前に出て、そもそも忌避されてしまいます。

活用イメージ

▼テーマ：経営コンサルティングの契約を維持してもらいたい

とある経営コンサルティング企業。このビジネスの大きなリスクとしては、やはり、大きな取引をしているクライアントとの契約が、突如終了してしまうということ。そのような事態を極力避け、取引を継続するために、どのような工夫が考えられるでしょうか？

▼活用例

コンサルのあるべき姿とは、様々なスキルやノウハウがクライアントに転移され、最終的には内製化して頂けるようにすることです。それが実現して終了することは喜ばしいことですが、競合他社へのスイッチとなると話は別です。競合コンサルに隙を与えないようにするためにも、このアプローチの活用を考えてみます。

例えば、プロジェクトの期間中、クライアントの管理職を対象とした定期的なアンケート調査を自主的に行い、現場から見た事業課題について吸い上げ、過去の調査結果なども加味して定期的にレポートする、というような取組みはいかがでしょう。

これがクライアントにもたらすものは、自社の課題に関するリアルタイムなレポートだけではなく、自社の内部まで理解してくれているコンサルタントが育つということです。そんな貴重なコンサルタントは、一朝一夕に生まれるものではありません。いつしかそれが、クライアントにとって切れない理由となっていくのです。

COLUMN 06

続けるには、とにかく「宣言」することがベスト

目標を決めても、途中で意志の弱さが露呈し続かない……自分の中で細かく目標を定めても、何かを言い訳に怠けてしまい、いつしかうやむやに……それは人間らしい傾向ではありますが、これを続けていたら、何も成し遂げることはできません。そこで皆さまにお奨めしたい、行動経済学的な方法があります。それは「一貫性の法則」という心理を活用した、自分が掲げる目標を周囲に高らかに宣言してしまうという方法です。

一貫性の法則とは「人間は一度ある決定を下したり、ある立場を表明したりすると、その判断を正当化しようとして行動しがちである」という心理で、かの有名なロバート・チャルディーニ博士によって発表された有名な理論がそれです。周りに宣言してしまうことで、「宣言した自分と一貫していたい」という心理を自分自身に働かせ、己を追い込むのです。

私もそれを実践中。私にはある夢があって、それを積極的に友人に対して宣言することにしています。そうすると、その目標に向けて進捗していないと格好悪いな……という思いに駆られ、何とか進捗させようというパワーが生まれてきます。

余談ですが、私のその宣言を知っている、年下の女友達がいるのですが、少しでもそれが滞ると、いつもチクチクと攻撃してくるんですよね（笑）。そんな彼女は私のモチベーターです。まあ、そんな露骨にダメ出しする人はあまりいないのですが、実は他の人も、心の中ではそんな表情で私を見ているのかも……と思うと恐ろしくなって、結構その「宣言」に沿って頑張れている気がします。

CHAPTER

3

「26の切り口」を使って、マーケティングアイデアを創出する方法

ここまで、行動経済学とマーケティングをつなげるための「26の切り口」を紹介しました。他の切り口に内容的に近いもの、あるカテゴリーに属しているが、他のカテゴリーでも使えそうなものなどもあったかと思いますが、何卒ご容赦ください。本書で紹介する方法論の趣旨は、マーケティング施策アイデアの創発であり、切り口に多少重なりなどがあったとしても、アイデア創発の入り口として活用できるならば、検討で抜け落ちるよりベターであろうと判断しました。

本章では、その「26の切り口」を活用し、マーケティング施策アイデアに落とし込む方法、「アナロジカル・シンキング」について解説します。

アナロジカル・シンキングとは

「アナロジー」とは類推、つまり「一方が他方と似ているいくつかの点に基づいて、既知の一方から他方の有様を全体的に推し測ること」というのが元々の意味合いです。本書でご紹介する「アナロジカル・シンキング」とは、以下のステップで構成される思考法を指します。

・ある成功事例から、その成功に寄与した「汎用化可能な仕組み」を抽出する。

・出した「仕組み」を、検討対象となるものに転用する方法を考える。

つまりは、様々な成功事例から、それぞれの「成功エッセンス」を読み解き、自社事業に転用することでアイデアを創発する手法です。いたってシンプルです。

ちなみに、産業分野における、有名な「アナロジカル・シンキング」の事例としては、国内の某高速鉄道の車両先端構造の開発過程です。

野鳥のカワセミは、餌となる魚を捕る際、かなりのスピードで水中に飛び込みますが、不思議と水しぶきが立ったり、大きな音が出たりすることはありません。そうしないと魚に気付かれてしまうからです。そこに、当時の車両開発担当者が着目しました。

当時、その鉄道車両が高速でトンネルに入る際、爆音がしてしまうことが、さらなる高速化のネックでした。そこで担当者は、カワセミのその特徴に興味を抱き、研究を始めました。その結果、くちばしの特殊な形状からヒントを得て、トンネルにスムーズに進入できる車両の先端形状を開発しました。これこそまさに、アナロジカル・シンキングの典型例です。

本書においては、前章でご紹介した、「26の切り口」を、汎用化可能な成功のエッセンスとして位置付け、アナロジカルに自社事業に転用する方法論をご説明します。行動経済学の各種理論を、マーケティング施策アイデアに落とし込むためのプロセスとしては、今のところ、「アナロジカル・シンキング」が最も現実的な方法論であると考えています。

「26の切り口」を起点とした、アナロジカル・シンキングの手順

ここから、「26の切り口」を使い、マーケティング施策アイデアを導出するまでの5つのステップを説明します。他にも様々な方法はありますが、本書では最もわかりやすい進め方を取り上げることとします。

▼検討ステップ

ステップ1：前提条件の整理

アイデアを検討する上で、何かしらの前提条件や制約要件があればあらかじめ整理しておきます。特に複数メンバーで検討を進める場合は、最初にしっかりと前提を共有しておかなければ、検討にブレが生じてしまいます。

ステップ2：「顧客価値」の掘り起こし

検討対象とする商品／サービスは、そもそもどのような便益を提供し得るものか、そのポテンシャルについて棚卸しを行います。「26の切り口」を効果的に結びつけるための「接合

点」を増やす作業です。

ステップ３：「阻害要因」の探索

仮に、その商品／サービスを利用する上で、それを阻害している／し得る、何らかの要因が存在するならば、それを解決しないことには先に進みません。理屈を超えた「人間的な視点」も加味して探索します。

ステップ４：「26の切り口」を使ったアイデア導出

前ステップまでで導出した、顧客価値、阻害要因を踏まえ、「26の切り口」から有効な切り口を絞り込み、それを基点にアイデアを検討していきます。ここではできるだけ自由に、多くのアイデアを出しましょう。

ステップ５：アイデアの絞り込みと精緻化

ステップ４で導出した複数のアイデアについて、ステップ１で導出した前提条件を用い、アイデアの絞り込みと精緻化を行います。

以上の5つのステップを通じて、候補となるマーケティング施策アイデアに落とし込んでいきます。それではここから、本手順についてのイメージをより深めて頂くために、ある架空の商品を使ったシミュレーションを行ってみましょう。

シミュレーション・ワーク

シミュレーションのお題は、架空の商品である、家庭用小型ロボット「ロボミニくん」という商品です。手順に沿って、検討を進めてみましょう。

シミュレーションの設定

▼テーマ：家庭用小型ロボット「ロボミニくん」を購入、継続利用してもらうためのマーケティング施策の検討

ある家電メーカーは、今から2年ほど前に、家庭用の小型ロボット「ロボミニくん」（概要は後述）を発売しました。

発売当初は、その高額なお値段（18万円弱）に賛否両論を巻き起こしましたが、個人向け用途を中心に年々成長し、現在は累計1万台弱のところまで来ています。しかし、当初の計画からはほど遠く、今の状態を看過することはできません。

この商品を一部の愛好家だけが使う「ニッチ商品」で終わらせず、家庭用ロボットの定番として普及させるためには、どのようなマーケティング施策を展開すればいいのか……。

これを、前述の「アナロジカル・シンキング」のステップをたどりながら検討してみます。

▼「ロボミニくん」の概要

大きさ：身長は約18㎝、重さは約500g、持ち運びができます
人との会話機能：AIを搭載しているので少しずつ進化します
二足歩行機能：手足を動かします。ダンスのような動きもできます
電話／メール機能：電話やメールを受発信できます。発信元を教えてくれたりします
カメラ機能：自動で撮影してくれる機能があります
投影機能：写真や動画などを投影できるプロジェクターが付いています
情報検索機能：指示に基づいて、色々な情報を検索してくれます
アップデート：専用アプリで、機能やサービスが追加可能です

ステップ1：前提条件の整理

「26の切り口」を活用した、アナロジカル・シンキングの準備として、まずは施策アイデアを検討する上での「前提条件」の確認から入ります。ただし、それが明確に定められていて、絶対に外せないという条件でない限り、あまりここで無理に決めきる必要はありません。施策を検討する中で見えてくる条件もあるからです。

マーケティング戦略とは、分析→戦略→戦術……と直線的に進めるだけではなく、時として前プロセスに戻り再検討するという「行ったり来たり」の中で練度が高まっていくものです。

参考までに、前提条件として考慮すべき項目の例を紹介します。

既決のマーケティング戦略

・ターゲット／ポジショニング など

・商品仕様／プロモーション計画／販売チャネル政策／価格政策 など

施策を検討する上での制約条件

・投下できる予算／かけられるリードタイム

・オペレーション上の制約／推進体制上の制約

・自社リソースのみで完結／他力活用もＯＫ　など

「ロボミニくん」でのシミュレーション

では最初に、アイデアを検討する上での「前提条件」を確認してみます。ロボットとしての汎用性が高いこともあり、現時点で明確に絞り込んだ方針を掲げている訳ではありません。最近は法人向けの需要が伸びているという事実があります。

▼ターゲット

特に定めている訳ではないですが、かなり高額な商品なので、必然的に中〜高所得層の開拓が重要となります。また、ロボットという商品の基本的な特性（動き回ること、話すことなど）を加味すると、子供のいるファミリー層にマッチしそうな感も。

▼ポジショニング

直接競合となる商品はほとんどありません。あるとしても、大型、イヌ型、固定型、法人向けのロボットなどです。一見、「ロボミニくん」に有利な状況ではありますが、それが当該商品の「位置付けのわかりにくさ」にもつながっています。

また、施策アイデアを検討する上での制約条件としては以下のように整理されました。

▼予算

商品の仕様自体の変更が伴うものはOKだが、巨額の開発コストが伴うような大幅な変更はNGとする。TVCM等コスト投下を前提とする広告施策はNGとする。

▼リードタイム

向こう1年以内で準備、リリースできる施策とする。実施まで3年以上かかりそうなものはNGとする。

そして、これらを前提条件として検討を先に進めていきます。

ステップ2：「顧客価値」の掘り起こし

ここでは、対象となる商品／サービスが、どのような価値を顧客に対して提供できる／し得るかについて、内省的に洗い出すという作業を行います。

検討のポイントとしては、単なる「機能的な価値」のみでなく、その価値提供の先にあるもの、つまりそれがもたらされる結果として、どのような「新たな生活」や「新しいビジネス」自体を生み出し得るのか、というところまで発展的に考えることです。

この作業の目的は、施策アイデアを考える前に、まずは対象となる商品／サービスの捉え方自体を拡げておくことであり、ここで導出した要素を基点に、いきなりマーケティング施策アイデアを考える、というものではありません。

また、このような作業をしておくと、行動経済学理論の適用だけでなく、商品のあり方や、マーケティング戦略自体を見直すための材料にもなり、お奨めです。

「顧客価値」の掘り起こしの切り口例

・用事処理
・人間関係
・自己表現
・仕事／収入
・楽しみ
・学び／研鑽
・情報／知識
・回復／安らぎ

「ロボミニくん」でのシミュレーション

「ロボミニくん」の顧客価値について、前述の切り口ごとに内省的に掘り起こしてみます。

・用事処理　ロボットが子供と遊んでいてくれる
・人間関係　夫婦や家族の仲を取り持ってくれる／ロボットを介して友人が増える
・自己表現　ロボットを高度に育てて発表できる
・仕事／収入　専用アプリ開発で儲けられる

・楽しみ　会話の話題を振ってくれる／何かのゲームを提供してくれる
・学び／研鑽　やりとりを通じて勉強できる／定期的に何かを教えてくれる
・情報／知識　自動的にライフログを記録してくれる
・回復／安らぎ　目標達成に向けて励ましてくれる／元気のない時に癒してくれる

サービスの捉え方自体を拡げるために、当該作業を行いました。発想の基点となる「切り口」を補助ツールに考えると、「ロボミニくん」が提供し得る価値は色々あることがわかります。

ステップ3：「阻害要因」の探索

続いて、対象となる商品／サービスについて、期待通りに売れない要因（阻害要因）の仮説を導出します。何となく想像できるようなことだけではなく、「人間的な視点」、つまり、それに関わる相手の気持ちを想像し、非論理的、感情的な部分まで踏み込んで検討することが重要です。

仮説を導出する手がかりとして、蓄積されている各種行動履歴データや、リサーチ結果などがあれば活用すべきです。しかし、それらが全ての情報を網羅している訳ではないことに注意してください。データには表れていない阻害要因を「想像」する作業はもちろんのこと、データがあったとしても、その裏側に、どのような人間的な感情が伴っているかについて「解釈」する作業もお忘れなく。

この作業を進めていく際にまず行うことは、対象となる商品／サービスの購入プロセスの中で、大きくどの段階で詰まっているかを特定することです。これは「26の切り口」を整理するための5つの大カテゴリーに対応しています。状況として最も近いものを選択してください。複数選んでもOKです。

ボトルネックが生じている段階

- 認知がない
- カテゴリーニーズがない
- 魅力を感じない
- 購入／利用がしにくい
- 継続しない

次に、特定した「ボトルネックが生じている段階」ごとに、想定される阻害要因をリストアップしていきます。

手順としては、まずは純粋に想起されるものを抽出し、その後、検討のヌケモレを防ぐために、後述する「阻害要因導出の『切り口』」も参考に、できるだけ網羅的に阻害要因をリストアップしていきます。

阻害要因導出の「切り口」

・知識・スキルファクター
　評価基準が不明／他との差異が曖昧／便益不明／ネガティブイメージ
・面倒くささファクター
　導入や継続の手間／調整で生じる労力／選択肢からの選びにくさ
・経済的ファクター
　費用対価値が不明／既存商材との価格差／絶対的な価格の高さ
・先送りファクター
　タイミングのなさ／現状維持でもＯＫ／他者の動向／後押し材料不足
・興味減衰ファクター
　単なるマンネリ感／新しいものへの目移り／必要性への意識減衰

想定阻害要因をリストアップした後、類似のものをまとめ、可能であれば、さらにそれらの奥にある「根源的な阻害要因」を探索します。最終的にはその中から、ボトルネックとして特に重大であり、かつ解決が可能なものを選択します（複数選択してもＯＫです）。

「ロボミニくん」でのシミュレーション

「ロボミニくん」のさらなる普及に際し、そもそもどの段階がボトルネックとなっているのか、まずは、今の状況を簡単に整理してみることにしました。

まずは概況を振り返ります。「ロボミニくん」は、徐々に売れ始めているとはいえ、生活者に対して「ロボミニくん」の認知度をリサーチすると、認知者の割合は10％未満。「ロボミニくん」の認知者でも、その高額な家庭用ロボットを買う必要性を感じている人はほとんどいないという結果も出ています。

現時点でのリサーチ結果はあまり芳しいものではありませんが、一方で「ロボミニくん」の直接競合にあたる商品は今のところほとんどありません。

恐らくは、「ロボミニくん」の浸透を妨げている要因（阻害要因）は、前述の「ボトルネックが生じている段階」のうち、「認知がない」「カテゴリーニーズがない」というところで生じています。とにかく、これらの段階にあるボトルネックを解消しないことには、さらなる浸透を図ることはできません。

ここから生活者の目線で、各段階において想定される阻害要因を検討します。

▼**「認知がない」**

・同社の他製品についてはＴＶＣＭ等の広告で目にすることは多いが「ロボミニくん」自体をそこで見かけることはほとんどない

・家電量販店は、同社製品の主力チャネルであるが、店頭で見かけたことがない

・そもそも、生活動線の中でそれを見つけたり、それを保有しているユーザーに遭遇したりすることが全くない

広告の問題についてはいったん横に置くとして、ユーザーや、利用場面を見かけることがないのは問題です。その奥にある「根源的な阻害要因」を想定するならば、**保有していることを伝えたり、愛機を見せたりするきっかけや理由がないこと**ではないでしょうか。

▼**「カテゴリーニーズがない」**

・可愛いロボットなのだが、そもそも何ができるのかがわからない

・おもちゃくらいの金額ならわかるが、高額に見合った価値があるのかが不明

・ＴＶで見かけて興味を持ったことはあるが、買おうと思うきっかけがそもそもなかった

結局、**用途が不明／曖昧であること**に尽きるのではないでしょうか。用途が不明確であるため、対価に見合うものかどうか判断できないし、「きっかけ」を掴もうにも、用途が不明なのでそれもできない、という状況につながっていると想定されます。

ステップ4：「26の切り口」を使ったアイデア導出

ここまで整理ができたら、いよいよ、行動経済学の各理論のエッセンスを踏まえたマーケティング施策アイデアの導出作業に進みます。まずはステップ3で「ボトルネックが生じている段階」として選択したものに、直接対応する、「26の切り口」の大カテゴリーが選択できます。

「ボトルネックが生じている段階」と、大カテゴリーの紐付け

- 認知がない　↓　効率良く「好感認知」をつくる（P49）
- カテゴリーニーズがない　↓　新たなニーズを創る（P71）
- 魅力を感じない　↓　魅力的なものに見せる（P101）
- 購入／利用がしにくい　↓　購入ストレスを低減する（P123）
- 継続しない　↓　自然に継続させる（P141）

そして、その大カテゴリー内にある「切り口」のうち、適用条件にマッチするものを選択します。「26の切り口」総当たりで考えてもいいのですが、かなり時間がかかりますので、まずは絞り込んだ切り口から検討するのが良いでしょう。

そして、基点となる「切り口」が決まったら、施策アイデアを検討する作業に着手します。

「ロボミニくん」でのシミュレーション

「ロボミニくん」のマーケティング施策アイデアの検討で使うカテゴリーとしては、ステップ2で特定した、「ボトルネックの生じている段階」に照らし合わせ、以下の2つに絞りました。

効率良く「好感認知」をつくる

新たなニーズを創る

そして、各カテゴリーの傘下にある「切り口」の中から、適用条件に当てはまるものを選択してみました。

効率良く「好感認知」をつくる

1 ユーザーを広告塔に（P50）

3 強力パートナーに乗る（P58）

4 社会的トピックに紐付け（P62）

5 ファンから情報発信（P66）

新たなニーズを創る

7 新たな「敵」の紹介（P76）

8 新習慣の創出（P80）

10 節目需要の創出（P88）

11 ひとまず保有させる（P92）

また、ステップ3で導出したそれぞれの段階における「根源的な阻害要因」を、発想するための補助ツールとして横に置いておきましょう。

効率良く「好感認知」をつくる

↓保有していることを伝えたり、愛機を見せたりするきっかけや理由がないこと

新たなニーズを創る
→用途が不明／曖昧であること

また、ステップ2で導出した「顧客価値」も発想のヒントとして横に置いておきましょう。

- 用事処理　ロボットが子供と遊んでいてくれる
- 人間関係　夫婦や家族の仲を取り持ってくれる／ロボットを介して友人が増える
- 自己表現　ロボットを高度に育てて発表できる
- 仕事／収入　専用アプリ開発で儲けられる
- 楽しみ　会話の話題を振ってくれる／何かのゲームを提供してくれる
- 学び／研鑽　やりとりを通じて勉強できる／定期的に何かを教えてくれる
- 情報／知識　自動的にライフログを記録してくれる
- 回復／安らぎ　目標達成に向けて励ましてくれる／元気のない時に癒してくれる

では、それらの情報を加味しつつ、選択した「切り口」に基づいて、マーケティング施策アイデアを初期仮説として検討していきます。

テーマ　効率良く「好感認知」をつくる

ここでは特に、**「保有していることを伝えたり、愛機を見せたりするきっかけや理由がない」**という阻害要因を意識して検討を進めていきます。

【1 ユーザーを広告塔に】という切り口を使ったアイデア

生活者が、その商品／サービスを利用すればするほど、その事実がユーザーの周囲に自然に知られていく仕組みをつくる方法

アイデア例

「外出が楽しくなる機能」（参考とした顧客価値：ロボットを介して友人が増える）

「ロボミニくん」を連れ出すと街の感想を言ったり、スナップ写真を撮ってくれたりする。さらに、他の「ロボミニくん」に近づいたら教えてくれるなどの機能も持たせる。

「『ロボミニくん』も電話に参加」（会話の話題を振ってくれる）

「ロボミニくん」のユーザーに電話すると、ユーザーであるとわかる音声が出る。また、相手に何か挨拶してくれたり、たまに会話に割り込んできたりする。

【3　強力パートナーに乗る】という切り口を使ったアイデア

すでに好感認知を獲得し、かつ露出機会が多いパートナーに、商品／サービスをバンドルしてもらうことで、便乗的に好感認知を獲得する方法

アイデア例

「タクシーの後部座席に設置」

タクシーの後部座席に乗せてもらう。助手席シートの背面に設置し、手に取って会話をしてもらったり、いくつかの機能を試してもらったりする。また、10分程度の乗車時間の間で、完結できるやりとりを設定する。

「コワーキングスペースに配布」（元気のないときに癒してくれる）

シェアオフィス、コワーキングスペースを展開する企業と組み、各拠点に利用者用のおもちゃとして設置してもらう。当該施設を利用するような、感度の高い層にコンタクトすることによって、そこからの波及を期待。

【4　社会的トピックに紐付け】という切り口を使ったアイデア

生活者やメディアが興味を持ちやすい「社会的トピック」に絡めたコミュニケーションを行う

ことで、取り上げられる可能性を高める方法

アイデア例

「老人の『孤独／社会との断絶』」（ロボットを介して友人が増える）

すでに顕在化している、この社会問題に紐付けて情報発信。対話ができたり、それを介して人とつながるきっかけにもなったりする家庭用ロボットが、何の会話もない孤独の世界から老人を救う……という趣旨の情報を発信する。

「共働き家族に生まれる『心のスキマ』」（夫婦や家族の仲を取り持ってくれる）

共働きとなると、どうしても家族間のコミュニケーションが不足し、心が離れがちとなる、という社会問題をクローズアップ。家庭用ロボットが、夫婦や家族のコミュニケーションのきっかけを提供し、その結果として夫婦仲や家族仲が保たれる、という趣旨の情報を発信する。

【5 ファンから情報発信】という切り口を使ったアイデア

ロイヤリティの高いファンから、客観的な視点で、商品／サービスに関連する情報や感想を発信してもらい、それを使って好感認知を獲得する方法

アイデア例

「カスタマイズキット」（ロボットを高度に育てて発表できる）

単なるパーツ販売でもいいが、「進化させたいテーマ」ごとに、「ロボミニくん」を育てていくことができたら楽しい。そして高度に育てた「ロボミニくん」を発表できる場所を用意すれば、「ロボミニくん」の用途や楽しみ方がそこから外部へも伝播していく。

「オーナーズクラブ」（ロボットを介して友人が増える）

「ロボミニくん」のオーナー向けイベント。地域ごとに定期的に開催。イベントの模様を、自発的にSNSにUPしてもらえるよう、各回色々な企画を提供する。

テーマ　**新たなニーズを作る**

ここでは特に、「用途が不明／曖昧である」という阻害要因を意識し検討を進めていきます。

【7　新たな『敵』の紹介】という切り口を使ったアイデア

ターゲットが脅威に感じる新たな「敵」を紹介し、存在を認識させた後、その敵から身を守る手段として、ある商品／サービスを紹介する方法

アイデア例

「『目標断念癖』を解消する」（目標達成に向けて励ましてくれる）

目標を設定しても、すぐに断念してしまうことを繰り返す「目標断念癖」が、人の成長を妨げている……そんな調査結果を発信し、多くの人が知る共通言語にする。そんな「悪癖」を打ち破るべく、決めた目標達成に向けて、進捗を褒めてくれたり、励ましたりしてくれる「目標モチベーター」という、家庭用ロボットならではの新しい用途を打ち出す。

「子供の『慈愛心』を育む」

小さい頃に、何かしらの「愛を注げる存在」がないと、大人になってから慈愛の心が育まれない……そんな研究結果とともに、共通言語を発信（例：「慈愛心の育成」など）。そんな心を育てるためには、子供の成長スピードに合った「愛を注げる存在」になることができる、家庭用ロボットが最適であると、新しい用途を打ち出す。

【8 新習慣の創出】という切り口を使ったアイデア

ターゲットが、日常の中で頻繁に行う行動や、頻繁に直面する状況に、新たな「習慣」を紐付ける方法

アイデア例

「就寝前にリラックスさせてくれる」（元気のない時に癒してくれる）

就寝前の新習慣。リラックスしながら睡眠に入るために、毎回異なるヒーリング音楽を流したり、心温まるショートストーリーを話たりしてくれる。眠ったら、静かに音楽や語りをフェードアウトしてくれる。

「家族の幸せライフログ」（自動的にライフログを記録してくれる）

家族で食事をする際の新習慣。食卓に、「ロボミニくん」を必ず置いておくと、笑い声がした前後30秒の会話を、写真とともにレコーディングし、アルバムとしてアーカイブ。

【10 節目需要の創出】という切り口を使ったアイデア

ライフステージや日常生活の中でのある「節目」において、その商品/サービスを購入するものである、というイメージを形成する方法

アイデア例

「生まれた時から人生のバディ」（自動的にライフログを記録してくれる）

子供が生まれたタイミングを、「ロボミニくん」購入の「節目」とする。物心つくまで、

動画や静止画などで、成長ログを半自動的に記録してくれる。もちろん、大きくなるまでずっと「ロボミニくん」が遊び相手。そんなやりとりの記録も全てアーカイブしていく。

「親が一人になったら」

親が一人暮らしとなるタイミングを、「ロボミニくん」購入の「節目」とする。その節目で、家族から「ロボミニくん」をプレゼント。安否確認だけでなく、ロボットに話しかけて楽しんだり、複雑な操作なく、親子で簡単にメッセージのやりとりができたりする。

【11 ひとまず保有させる】という切り口を使ったアイデア

いったん無料で商品／サービスを保有させたり、一時的に利用権利を提供したりすることで、手放したくなくなる気持ちを喚起する方法

アイデア例

「1ヶ月限定の居候」

1ヶ月レンタルできる仕組み。「〇〇さん、はじめまして。これから30日間お世話になります」から、「ロボミニくん」との生活が始まる。別れに向けて、しんみりした感じを演出していく。購入が決まったら、体験利用時の記憶が新しい商品に引き継がれるように。

ステップ5：アイデアの絞り込みと精緻化

ここまで、行動経済学の各理論に基づいた「26の切り口」を活用し、複数のマーケティング施策アイデアを導出しました。しかし、この段階では素案のレベルです。

次のステップとして、ステップ4で導出した複数のアイデアについて、下記の基準を用いてスクリーニングしていきます。

スクリーニングの基準

- ・ステップ1で導出したベースとなるマーケティング戦略との整合性があるか
- ・阻害要因を解決することができるか
- ・阻害要因を超える、大きなメリットが得られるか
- ・ターゲットに対して魅力的な取組みかどうか

基準に合致しないアイデアがあったとしても、即座に却下するのではなく、少しでも基準に合わせるための精緻化アイデアも議論してみましょう。

そのようにお伝えすると、「最初から、上記基準を基点として検討する方がいいのでは？」と思われるかもしれませんが、あまりに視点を盛り込みすぎると、発想の拡がりを阻害する可能性がありますので、前述のような手順をお奨めしています。

「ロボミニくん」でのシミュレーション

ここからは、ステップ4で出した各アイデアについて、基準に照らし合わせ、スクリーニングと精緻化を進めていきます。

「外出が楽しくなる機能」（評価○）

・ユーザーにとっては、外に連れ出すわかりやすい理由となる。ユーザー数が少ない段階では、強力な認知獲得施策にはならないが、ユーザーによるわかりやすい「紹介の理由」にもなるので、早い段階から取り組むべき。

「『ロボミニくん』も電話に参加」（評価×→△）

・最近では、通話はSNSの電話機能を使うことが一般的。そもそも「ロボミニくん」の当該機能は、そのままで使う機会はほとんどない。

↙ メジャーなSNSとの連動アプリを開発すると、端末問わず使える。相手先に「ロボミニくん」からの発信がわかるようにする。

「タクシーの後部座席に設置」（評価×）

・ターゲットとなる、中~高所得層にはリーチできるが、家庭での導入にどこまでつなげられるか？

「コワーキングスペースに配布」（評価×→◎）

・ターゲットが「家族」であるとするなら、当該タッチポイントで接触できそうな層とはズレることとなる。

↙ 幼稚園や保育所に、「来たるべきロボット社会に向けた先端教育」というテーマを掲げ、専用の教育プログラムとセットで提供するのであれば有効か。

「老人の『孤独／社会との断絶』」（評価△）

・ターゲットとなる家族に高齢の親がいるならば、用途として理解してもらえる可能性はあるが、直接のユーザーとはならないのでやや弱い。

「共働き家族に生まれる『心のスキマ』」（評価◎）

・多忙な「現代の家族」にとって、コミュニケーションの欠乏は重要な課題である。何気ない会話のきっかけを常に提供してくれるロボットは、「令和時代の新しい家族の形」としてクローズアップされるかも。

「カスタマイズキット」（評価◎）

・そもそも見え方が同じでは、シェアしたくても、し甲斐がない。育てる喜びを与えることは、継続的に利用してもらう理由にもなる。

「オーナーズクラブ」（評価△）

・オーナーを集めることはそれほど難しくはないが、集めたところで見栄えがするもの（カスタマイズ商品、育成結果の発表など）がないので、結局伝播していかない。あくまで他施策との組み合わせで考えるべきか。

「『目標断念癖』を解消する」（評価×→△）

・個別にはありそうだが、ターゲットとなる「家族全体」に、達成したい目標というものがあるかといえば、考えにくい。

「目標達成を支援する」という大仰なものではなく、家族全員を日常的に褒めてくれる、くらいの機能で充分か？　何気ないひと言で、家族がいい精神状態でいられる。

「子供の『慈愛心』を育む」（評価◎）

・ターゲットである「家族」にとって、「子供の教育」は明確かつ強力なテーマ。ゆえにお金も出しやすい。令和時代の「新しい幼児教育」として。

「就寝前にリラックスさせてくれる」（評価×）

・ロボットでなくても、アプリや動画サイトなど代替物があり、あまりにもニッチである。

「家族の幸せライフログ」（評価△）

・食事は重要な生活ルーティンとはいえ、わざわざ食事の時にそれを設置する、という面倒くささがあり、継続することが難しそう。

「生まれた時から人生のバディ」（評価◎）

・家族ならではの「大きな節目」に即しており、お金も出しやすい。用途としてもわかりやすく、ずっと使い続けてくれる必然性も生まれる。

やや弱い。

「親が一人になったら」（評価△）

・高齢の親の問題は必ず生じるが、前述のアイデアと同様に、直接のユーザーとはならないのでやや弱い。

「1ヶ月限定の居候」（評価◎）

・使ってみないと理解されにくい商品であるがゆえ、きっかけをつくり、商品を買ってもらうという意味では効果的か。多くの生活者に実際に使ってもらうことで、そのフィードバックが、商品改良やアプリ開発、マーケティング戦略に活用できる。

以上、アナロジカル・シンキングの手順を、架空の商品「ロボミニくん」を題材としたシミュレーションを交えつつ説明しました。

当該シミュレーションは、この章を書き進めるために、あるメンバーと一緒に、実際にこの手順をたどって、アイデア検討から絞り込み、精緻化の議論までのステップを行ってもらい、取りまとめたものです。

実際には、ここまでのステップの後に、具現化に向けた長い作業が続きます。大元となるマーケティング戦略と照らし合わせ、コストやリードタイム、その他諸々の制約要件を加味して取組みを決定し、具体化に向けたプランに落とし込んでいく作業です。

さて、いかがでしたでしょうか？　行動経済学の様々な理論を、マーケティング施策に落とし込むための方法として、5つのステップをご紹介しました。

行動経済学をマーケティング施策に紐付けるためには、この方法は結構効率が良いと考えています。26も切り口があるので大変だと思われるかもしれませんが、まず、ボトルネックが生じている段階が特定できれば、自ずと該当する切り口も絞ることができるので、そこまで大きな負担にはならないはずです。

是非皆さまも、ご担当されている商品／サービスで試してみてください。きっと今までの発想からは生まれなかったような、「生活者の心のスキを突く」、新しいマーケティング施策のアイデアが導出されるはずです。

おわりに

皆さま、いかがでしたでしょうか。

各種理論の整理法や発想の切り口、検討プロセス等について、まだまだ荒削りな部分があると は自認していますが、実務家として現時点で考えられる、行動経済学の落とし込み方について、できるだけそのエッセンスを本書にてお伝えしたつもりです。

もちろん、これが全てだと押しつけるつもりはございません。読者の皆さまには、それぞれのフィルターを通して、是非使えるエッセンスのパーツ取りをしてもらいたいと思います。

本編でも申し上げましたが、行動経済学は、これからのマーケティング戦略を考える上で、ますます重要なアプローチになっていくと考える一方、色々な理論が散らかった状態で放置され、そこに非常につなげにくい状態であるように感じます。理論に興味を持ったとしても、どこから手を付けてよいかわからず、結果として途中で断念してしまった……そんな方がかなり多くいるのではないかと思います。

そんな自分自身の葛藤もあり、何とか行動経済学とマーケティングをわかりやすくつなげたいと思い、当該テーマの研修プログラムを開発しました。それを紹介するセミナーの場で、本書の出版社であるイースト・プレスの編集者の方からお声がけを頂き、書籍としての取りまとめに着手することとなりました。その後はかなり多忙な中での執筆作業となり、編集者の方に多大なるご迷惑をお掛けしましたが、お陰様で、ようやくこの段落までたどり着きました。心より御礼申し上げます。

この場をお借りして少しだけ余談を。

私は20年弱、現場でずっとマーケティングのコンサルティングを行って参りました。ご依頼を頂くテーマの幅の拡大や、多数の講演やセミナー、企業内研修などの経験を通じて、自分の守備範囲も拡大していきました。

そんな自分自身の経験を踏まえ、この3年以内に書籍として世に出したのが「ＫＰＩマネジメント」と「ファシリテーション」そして本書のテーマである「行動経済学」です。

そうすると、たまに仲の良い得意先から「楠本さんは一体いくつの専門家の肩書きを持っているんですか?」と、冗談半分でからかわれることがあります。読者の方からもたまにそのように聞かれます。それぞれのテーマ、つながりがなさそうに見えますが、実はそれらのテーマは、私がコンサルタントとしてずっと掲げている思いと全て関連しています。

それは、正論や筋論をただ伝えるだけではない、もっと生活者的な「リアル」な視点で人や組織を動かす方法を考え、提供したいということです。

本書のテーマ「行動経済学」とは、まさにそのど真ん中に当たるものでしょう。本書を手に取って頂いたことを機に、リアルな生活者的な目線に基づきプラニングしてみることの重要性や、知的な楽しさに気付いてもらえれば非常に嬉しく思います。

たまに、読者の皆さまやコンサルティングの得意先から、「書籍にそんなに詳細なノウハウを盛り込んでしまって大丈夫ですか」と、心配されることがあります。そのようなお心遣いを頂くたびに、いつも嬉しく思います。

それにつきましては、全く問題ないと考えています。私自身が進化を続け、すでに世に提示したテーマも含め、常に新しい方法論を創出し続ければいいだけの話です。ちなみに、すでに世に出した著書の内容も、その時点から大幅にアップデートされ、コンサルティングや研修に反映されています。

情報の非対称性にかまけ、ずっと情報を小出しにすることを続けていても、拡がりがないし、進化もない。自分を追い込むためにも、その時点での知見を、紙の上で表現できる範囲で極力出していこうと考えています。

そのように考えるようになってから、色々な情報やスキルが、今まで以上に自分に具備されていくサイクルに乗った感覚が生まれたように感じます。

そして、本書を読んでくださった方からの色々な感想やフィードバックで、また学ばせて頂きたいと考えています。何でもそうですが、どちらかが一方的に情報を伝える、どちらか一方が完全なる教師になる、というのは正しい「知の交流」ではありません。お互いが学び合う、そんないい関係を、本書をきっかけに増やしていきたいと心から願ってやみません。

ここまでお読み頂きまして、本当に有り難うございます。また、少しでも皆さまのお役に立つ情報をこれからも発信して参りたいと思います。

本書の刊行にあたり、今まで仕事をご一緒してきた全ての方、貴重なアドバイスをくださった全ての方に、心から御礼申し上げたいと思います。

そして、本書の構成や内容を考える上で、多大なるお力添えを賜りました株式会社Blueの佐々木綾さん、アイデア創出のサポートをしてくれたreadmasterさん、takebonさん、yoshidakzyさん。いつも人事の目線で鋭い示唆を提供してくれる野崎友邦さん、私の業務を支えてくれているスタッフの皆さん、海外を飛び回りながら、ずっと私を見守ってくださっている元博報堂役員の田中廣さん、そして、いつも笑顔で私を励ましてくれる大塚莉子さんに、最大の感謝の意をお伝えしたいと思います。

楠本和矢

参考文献一覧

『影響力の武器 なぜ、人は動かされるのか 第三版』
ロバート・B・チャルディーニ 著／社会行動研究会 翻訳／誠信書房

『経済は感情で動く はじめての行動経済学』
マッテオ・モッテルリーニ 著／泉 典子 翻訳／紀伊國屋書店

『行動経済学 感情に揺れる経済心理』
依田高典 著／中央公論新社

『行動経済学 経済は「感情」で動いている』
友野典男 著／光文社

『実践 行動経済学』
リチャード・セイラー 著／キャス・サンスティーン 著／遠藤真美 翻訳／日経BP

『スイッチ!』
チップ・ハース 著／ダン・ハース 著／千葉敏生 翻訳／早川書房

『セイラー教授の行動経済学入門』
リチャード・セイラー 著／篠原 勝 翻訳／ダイヤモンド社

『世界は感情で動く行動経済学からみる脳のトラップ』
マッテオ・モッテルリーニ 著／泉 典子 翻訳／紀伊國屋書店

『選択の科学』
シーナ・アイエンガー 著／櫻井祐子 翻訳／文藝春秋

『ハイパワー・マーケティング』
ジェイ・エイブラハム 著／金森重樹 翻訳／ジャック・メディア

『予想どおりに不合理行動経済学が明かす「あなたがそれを選ぶわけ」』
ダン・アリエリー 著／熊谷淳子 翻訳／早川書房 前同ハヤカワ・ノンフィクション文庫版

楠本 和矢

マーケティング戦略アドバイザー
プロフェッショナルファシリテーター／作家

大阪府立茨木高校、神戸大学経営学部卒。
新卒で総合商社の丸紅に入社。新人の年に、自身が提案した新規事業開発担当となり、国内初の某領域ビジネス立ち上げに成功するも、事業推進における「マーケティング」の重要性を痛感し、その世界へ転身。
その後、某コンサルティング企業のトップコンサルタントとして最前線にて活躍。顧客との「垣根を越えたパートナーシップ」をポリシーに掲げ、数々のプロジェクトを成功に導く。

クライアントのプロジェクトメンバーとの対話を通じて実効性のある戦略を引き出し、メンバーを効率良く動かしていく「ファシリテーション型」の進行を得意とする。現在は、当該領域におけるクライアント内製化を目的に、人材開発や組織開発に関連する取組みにも注力。

企業内研修講師としては、直近3年間で、300回以上の企業内研修やセミナー、講演等を実施し、平均満足度は98%を超えるなど、数多くの企業から熱い支持を受けている。その先にある、作りあげたいものとは、「一人一人の知恵や経験が存分に引き出され、存分に活用されている社会」。それを自身のミッションとして捉え、日々邁進している。

著書
『パワーファシリテーション』（単著:すばる舎 2019年2月）
『人と組織を効果的に動かす KPIマネジメント』（単著:すばる舎 2017年）
『龍馬プロジェクト―日本を元気にする18人の志士たち』（共著:ビジネス社 2011年）
『サービス・ブランディング』（共著:ダイヤモンド社 2008年）

トリガー
人を動かす行動経済学26の切り口

2020年11月17日　第1刷発行
2021年 3 月28日　第2刷発行

著　者　楠本和矢
イラスト　大野文彰（大野デザイン事務所）
ブックデザイン　小口翔平＋三沢稜＋畑中茜（tobufune）
校正校閲　鷗来堂
本文DTP　松井和彌
編集　矢作奎太
編集協力　高部哲男
発行人　北畠夏影
発行所　株式会社イースト・プレス
〒101-0051
東京都千代田区神田神保町2-4-7久月神田ビル
電話　03-5213-4700
ファックス　03-5213-4701
https://www.eastpress.co.jp/

印刷所　中央精版印刷株式会社

ISBN 978-4-7816-1928-6